中国名镇志文化工程
Culture Project of Local Records of China's Famous Towns

# 采育镇志

*LOCAL RECORDS OF CAIYU*

北京市大兴区采育镇志编纂委员会　编



方志出版社
Publishing House of Local Records

**图书在版编目（CIP）数据**

采育镇志 / 北京市大兴区采育镇志编纂委员会编
. -- 北京：方志出版社，2020.12
（中国名镇志丛书）
ISBN 978-7-5144-4538-1

Ⅰ. ①采… Ⅱ. ①北… Ⅲ. ①乡镇—地方志—大兴区
Ⅳ. ① K291.5

中国版本图书馆 CIP 数据核字（2020）第 234103 号

·中国名镇志丛书·

**采育镇志**

编　　者：北京市大兴区采育镇志编纂委员会
责任编辑：董　琳

出 版 者：方志出版社
地址　北京市朝阳区潘家园东里 9 号（国家方志馆 4 层）
邮编　100021
网址　http://www.zgfzcb.cn
发　　行：方志出版社图书经销中心
电话　（010）67110500
经　　销：各地新华书店
排　　版：北京纺印图文设计制作有限公司
印　　刷：北京中科印刷有限公司

开　　本：787 × 1092　　1/16
印　　张：16
字　　数：314 千字
版　　次：2020 年 12 月第 1 版　　2020 年 12 月第 1 次印刷

ISBN 978-7-5144-4538-1　　定价：159.00 元

# 序一

习近平总书记指出：“不忘历史才能开辟未来，善于继承才能善于创新……只有坚持从历史走向未来，从延续民族文化血脉中开拓前进，我们才能做好今天的事业。”中国优秀传统文化是在漫长的历史长河中历经无数次涤荡和沉淀而形成的思想精髓，蕴藏着无穷的宝藏和无尽的力量。发掘和继承优秀传统文化，是延续中华文明“根”与“魂”的必由之路。与时俱进，推动传统文化不断开拓创新，是中华文明常葆勃勃生机的重要保证。

“国有史，邑有志。”编修地方志是中国特有的文化现象，是中华民族的优秀文化传统。数千年来，连绵不断的志书编修为保护中华民族根脉，传承中华文明发挥了不可替代的作用。中国现存古志有8000余种，占现存古籍的十分之一。中华人民共和国成立以来，编修完成数万种省、市、县三级综合性行政区域志、部门志、行业志、专志等，编纂数万种地方综合年鉴、行业年鉴和专门年鉴等，整理出版数千种历代方志及相关研究成果，发表相当数量的方志理论与年鉴理论研究成果。这既是对我国国情、地情持续开展的大规模普遍调查，也是对各地自然与社会发展状况进行的综合研究，其成果构成了一座丰富的文化资源宝藏，为各级领导科学决策提供了重要参考，为推动经济社会发展和文化建设发挥了重要作用。

当前，中国特色社会主义进入新时代，全国地方志事业也进入新时代。如今的地方志事业围绕党和国家利益、经济社会发展，以人民为中心开拓创新，志、鉴、馆、史“四驾马车”并驾齐驱，志、鉴、馆、网、库、用、会、刊、研、史“十业并举”，加快实现在全国范围内全面推进地方志从一项工作向一项事业转型升级。在党中央、国务院的亲切关怀和各级地方志工作者的共同努力下，一批紧密结合社会发展需求、具有独特创造性的工作逐步开展，涵盖中国名镇志、中国名村志、中国名山志、中国名水志、中国名街志等“名志”系列文化工程是其中代表。作为首个“名志”系列文化工程的中国名镇志文化工程，启动于2015年，至今已是第三个年头。中国名镇志丛书在记述主体上，选择中国历史文化名镇、经济强镇、特色镇等在全国具有影响力和代表性的乡镇，旨在全面展示中国名镇的文化精髓；在内容题材选择上，重在突出不同名镇的“名”和“特”，力求集中体现不同名镇最精彩的部分，增强可读性；在志书编纂程序设置方面，志书申报、篇目设计、专家审读、专家组验收等流程环环相扣，紧密结合，力争把每一部志书都打造成精品佳志。

习近平总书记指出：“历史和现实都表明，一个抛弃了或者背叛了自己历史文化的民族，不仅不可能发展起来，而且很可能上演一场历史悲剧。”2018 年是改革开放 40 周年，40 年来中华大地发生了翻天覆地的变化，乡镇发生了极为深刻的改变，从粗茶淡饭到有机食品，从粗布衣裙到精美时装，从土屋平房到高楼大厦，人民生活水平大大提高，城乡差距不断缩小。然而，在感受辉煌成就的同时，我们也应该看到，许多精巧的古建、精湛的工艺、亲切的乡音、独特的乡俗也在快节奏的发展中与我们渐行渐远，曾经的家乡正逐渐变为记忆中的故园。

党的十九大报告提出乡村振兴战略，此后党中央、国务院又推出一系列重大举措。实施乡村振兴战略，必须全面加强乡村文化建设，培养乡村文化自信，培植文化之“根”，铸牢文化之“魂”。没有乡村文化的高度自信，没有乡村文化的繁荣发展，就难以实现乡村振兴的伟大使命。振兴乡村文化，既要塑形，更要铸魂，必须遵循乡村发展的客观规律，在发展中把文化的精髓保留下来，把乡土味道、乡村风貌的“魂”传承下去。在保留优秀乡村文化内核的基础上，用现代表现方式，把反映时代精神、先进理念的内容通过群众喜闻乐见的文化产品表达出来，才能够让乡土文化具有更强大的生命力。用创新性的模式书写乡镇志，传承和抢救乡土历史文化，激发爱国爱乡情怀，为探索中国特色新型城镇化发展经验、发展模式、发展道路提供历史智慧和现实借鉴，正是实施中国名镇志文化工程的目的和意义所在。

“月是故乡明”。中国人素有“家国情怀”，家乡的山水是最为美丽的，家乡的风俗是充满温暖的，一声亲切的乡音，一口熟悉的家乡菜，都能拨动游子的心弦，让其魂牵梦萦。中国名镇志丛书是一套全面梳理中国名镇历史人文，挖掘文化特色，突出“名”和“特”的镇志。它能让人民群众深刻感受到本土本乡自然的优美、历史的醇厚、人物的杰出、艺文的风雅等，有助于培养人民群众对家乡文化的自信，激发起人民群众浓烈的爱乡爱国情怀，助力国家新型城镇化建设和乡村振兴战略的实施。

是为序。

中国社会科学院院长<br>中国地方志指导小组组长　谢伏瞻

# 序二

连绵不断地编修地方志是我国特有的文化传统，为传承中华文明作出了巨大的贡献。在党中央、国务院的高度重视和支持下，这一古老的文化传统焕发勃勃生机，展现新的活力，成为保存、继承、发扬光大中华优秀传统文化的重要依托，培育和践行社会主义核心价值观的重要媒介，社会主义先进文化建设的重要组成部分，发展中国特色社会主义，增强道路自信、制度自信、理论自信的重要载体，在实现“两个一百年”奋斗目标和中华民族伟大复兴中国梦进程中具有不可替代的地位和作用。

事物总是在不断发展中前进。经过改革开放以来30余年的发展，中国特色地方志事业与传统的编修地方志已不可同日而语，形成了志（志书）、鉴（年鉴）、库（地情数据库）、馆（方志馆）、网（地情网站）、刊（期刊）、会（学会）、研（理论研究）、用（开发利用）等多业并举的新格局。截至2015年10月底，全国编纂完成首轮、二轮省、市、县志书8000多种，编修部门志、行业志、专业志、乡镇村志27000多种，编纂地方综合年鉴2300多种，累计整理旧志2500多种，还编纂出版了大量的地情书，字数以百亿计，形成以反映国情、地情为主要内容，全面系统、持续不断、卷帙浩繁的社会科学成果群。另外，还开通了27个省级网站、230个市级网站、816个县级网站；建成国家方志馆1个、省级方志馆16个、市级方志馆86个、县级方志馆近300个。这些成果，成为国家极为重要的文化资源，是国家文化软实力和公共文化服务体系的重要组成部分。

最近几年，地方志工作的触角在不断延伸，部门志、行业志、专业志、特色志、乡镇村志编纂方兴未艾，成为当前地方志事业发展新的增长点和亮点。特别是乡镇志，兴起了编纂热潮，从自发的民间行为逐渐过渡为政府组织的文化行为，有的省份以政府令形式将其纳入地方志编修范畴，像河南省还以省政府办公厅名义要求全省普修乡镇志。乡镇志并不是一个新生事物，据现有资料可考，宋代常棠所撰《澉水志》是现存最早的一部乡镇志。与省、市、县三级志书相比，乡镇志虽属小志，但意义却不小，特别是在当前国家全力推进新型城镇化建设的背景下，乡镇志的作用更显重要。

启动中国名镇志文化工程，是适应当前新型城镇化建设形势发展需要、地方志事业发展形势需要的重要举措，也是充分发挥地方志存史、资政、育人功能的重要手段。作为最基层行政组织的志书，镇志是最接近中国社会发展变迁的国情、地情记录文本，具有重要的历史文献价值。而作为充分反映本区域自然、政治、经济、文化和社会的历史与现状的资料性文献，镇志又能全面展示发展脉络，摸索发展经验，为探索中国乡镇未来发展方向提供借鉴和参考。当然，对于祖祖辈辈生于斯长于斯的中国人来说，故乡就是一个魂牵梦萦的地方，故乡的情怀终生难忘。留得住乡愁，记得住乡思，充分展示名镇文化魅力，激发爱乡、爱国情怀，正是中国名镇志文化工程题中应有之义。

是为序。

中国社会科学院原院长
中国地方志指导小组原组长 王伟光

# 序三

“国有史，邑有志”，中国自古就有注重编史修志的传统。按照我国目前地方志行政法规，国家各级地方志机构的法定职责是编纂省、市、县三级志书，并不包括县以下的乡镇志和村志。这种规定，一方面可能因为全国有数百万自然村落和数万乡镇，全部实行官修很难实现；另一方面可能因为我国历史上就有“皇权止于县”的说法，县以下的民间社会历来是一个以自治为主的领域。然而，改革开放几十年来，我国社会正在发生巨变，这种巨变在基层社会的乡镇、村落、家庭领域更为深刻。作为“乡之首，城之尾”的镇，逐渐被日益崛起的大都市淹没了光彩，村落在快速的城镇化过程中每天都在大量消失，农村家庭的小型化、空巢化趋势非常突出。在这种情况下，我一直在思考，如何留得住历史文化记忆和乡愁，如何把修志的工作向基层社会延伸？

中国人的“家国情怀”，是从“诚意、正心、修身”开始，到实现“齐家、治国、平天下”。所以从国家一统志，省、市、县三级志，到乡镇志、村志、家谱，也是一个完整的系统。

正是在这种背景下，我们决定启动中国名镇志文化工程。乡镇是无数中国人生命的底色和成长的摇篮。如何在城镇化进程中，留得住乡愁，记得住乡音，忘不了乡思，事关城镇化进程的人文关怀和文化保护，事关文化血脉的传承。同时，科学记录城镇化进程，反映城镇化成就，也为今后探索城镇化发展规律、积累经验提供了基本素材。作为全面系统记述一定行政区域的自然、政治、经济、文化和社会的资料性文献，志书是以上功能最好的载体。

我国目前有 4 万多个乡镇，全部修乡镇志还不具备条件。中国名镇志丛书选择的是传统文化名镇、历史军事重镇、革命历史名镇、民族特色名镇、特色经济名镇、旅游景观名镇等类型的乡镇，应该是最具代表性的，在中国乡镇文化传承和社会发展中具有标杆意义。

编纂中国名镇志丛书是对乡土历史文化的保护。随着城镇化进程加快，有不少乡镇被撤并，有些还是在历史上有重要意义的历史文化名镇、特色镇等。如不及时对其历史进行整理、记录，这些重要的历史资料将散佚殆尽。因此，中国名镇志丛书的编纂是对宝贵历史资料的抢救。

编纂中国名镇志丛书是对乡土意识的传承。什么东西有魅力？故乡的山水，乡音乡情的记忆，乡土的气息和家乡菜的味道，不管走到哪里，总是触动心弦。中国名镇志丛书记录的是家乡的山山水水，家乡的历史文化，家乡的风土人情，留住的是乡愁。这些最能激发远方游子和本地民众的爱乡情怀、爱国情怀。

编纂中国名镇志丛书是一种学术探索。镇志的编纂，实质也是一次深入的社会调查研究。“麻雀虽小五脏俱全”，相比省、市、县，乡镇第一手资料的获得需要付出更大的努力。我们也希望在志书编纂上有所创新，使中国名镇志丛书成为一套图文并茂、雅俗共赏的新型志书。

中国社会科学院原副院长
中国地方志指导小组原常务副组长

## 北京市大兴区采育镇志编纂委员会

## 北京市大兴区采育镇志编辑部

| | |
|---|---|
| **统筹策划** | 张振东　吴海龙 |
| **主　　编** | 马锦麟　孔驻军　李　旭 |
| **执行主编** | 曾金胜 |
| **副 主 编** | 李成斌　柳泽生　王文花 |
| **编　　辑** | 赵俊平　袁绍恒　李志全　谢犁春　梁亚宪<br>杨凤鸣　程　昱　田亚南　范云龙 |
| **资料提供** | 袁绍恒　范云龙　赵礼明　肖洪斌　武雨寒<br>迟雪宇　闫守谦　李玉发　杜喜山　张　蒙 |
| **摄影人员** | 张振东　袁绍恒　余厚民　张玉英　张翠莲<br>赵　楠　武雨寒　柳泽生　杜贺江　马生良<br>王　巍　刘景波　李有明　王永新　张清泉<br>卢　宏 |
| **美　　编** | 贾保启 |
| **编纂单位** | 国人书院 |

# 中国名镇志丛书凡例

一、以马克思列宁主义、毛泽东思想、邓小平理论、“三个代表”重要思想、科学发展观、习近平新时代中国特色社会主义思想为指导，坚持辩证唯物主义和历史唯物主义的立场、观点和方法，存真求实，全面、客观、系统记述中国名镇城镇化进程和改革开放成果，传承和抢救乡土历史文化，激发爱国爱乡情怀，留住乡愁，为探索中国特色新型城镇化建设、服务乡村振兴战略提供历史智慧和现实借鉴。

二、为全面反映入志事物发展脉络，各志上限追溯至事物发端，下限一般断至各镇志启动编修年份，个别重大事项可延至搁笔。详今明古，着重反映时代特色和地方特点，重点体现各镇的“名”与“特”。

三、记述地域范围以下限年份的行政辖区为主。为体现名镇在更大区域内的意义，可以从更开阔的区域视野记述与该镇相关的内容。

四、统一采用纲目体，设类目、分目、条目三个层次。横排门类，纵述史实，述而不论。

五、综合运用述、记、志、传、图、表、录等各种体裁，以志体为主。体裁运用适当创新，篇目设置不求面面俱到，一般意义上的乡镇级内容略去不载。

六、除引用文字和附录文献资料外，统一使用规范的现代语体文记述，行文力求朴实、严谨、简洁、流畅、优美，具有较强可读性。

七、人物部类遵循“生不立传”原则，人物传主按生年排序，只选录对本镇发展有重大影响的人物，不面面俱到。

八、各项数据一般采用国家统计部门数据。数据缺乏的，采用主管部门或主办单位正式提供的数据。

九、数字用法、标点符号、计量单位分别执行国家标准《出版物上数字用法》（GB/T 15835—2011）、《标点符号用法》（GB/T 15834—2011）、《国际单位制及其应用》（GB 3100—1993）和《有关量、单位、符号的一般原则》（GB 3101—1993）。历史上使用的计量单位，如斗、石、里、尺、磅、华氏度等，在引文时可照录。考虑到社会使用习惯，全书中亩不统一换算。

十、中华民国成立前的纪年，使用朝代年号纪年，括注公元年份；中华民国成立后的纪年，均使用公元纪年。志中所称“解放前（后）”，以该镇解放日为界；“新中国成立前（后）”，以中华人民共和国成立日 1949 年 10 月 1 日为界；“改革开放前（后）”，以 1978 年 12 月中共十一届三中全会召开为界。本志“×× 年代”，凡未加世纪者，均指 20 世纪。

十一、为节省篇幅，避免重复，本志采用条目互见法。参见条目的表示形式为：参见本志“×× 类目 · ×× 分目 · ×× 条目”。

十二、对旧志、古籍中的繁体字、冷僻字一般用简化字或通用字替换，易引起误解的则保留。

十三、记述各个历史时期的党派、机构、职务、地名等，均以当时的名称为准。对频繁使用的名称，首次用全称并括注简称，其后用简称。

十四、各镇志需要单独说明的事项，均在各自编纂始末中记述。

# 采育镇在中国的位置

黑龙江省
哈尔滨
吉林省
长春
沈阳
辽宁省
内蒙古自治区
呼和浩特
北京市
采育镇
北京
大兴区
天津市
天津
河北省
石家庄
山西省
太原
山东省
济南
渤海
黄海
黄河
新疆维吾尔自治区
乌鲁木齐
甘肃省
兰州
宁夏回族自治区
银川
青海省
西宁
陕西省
西安
河南省
郑州
江苏省
南京
安徽省
合肥
上海市
上海
西藏自治区
拉萨
四川省
成都
重庆市
重庆
湖北省
武汉
长江
浙江省
杭州
东海
钓鱼岛
赤尾屿
江西省
南昌
湖南省
长沙
福建省
福州
台北
台湾省
台湾岛
贵州省
贵阳
云南省
昆明
广西壮族自治区
南宁
广东省
广州
香港
澳门
东沙群岛
海口
海南省
海南岛
西沙群岛
永兴岛
南海
中沙群岛
黄岩岛
南沙群岛
曾母暗沙
图例
北京 首都
天津 省级行政中心
未定 国界
省、自治区、直辖市界
特别行政区界
名镇(乡)所在区域
名镇(乡)
1：32 000 000
审图号：GS（2020）6436 号

## 采育镇在北京市的位置

审图号：GS（2020）6436号

# 采育镇地图

审图号：京S（2020）009号

北京市测绘设计研究院2020年4月编制

# 采育镇古街巷示意图

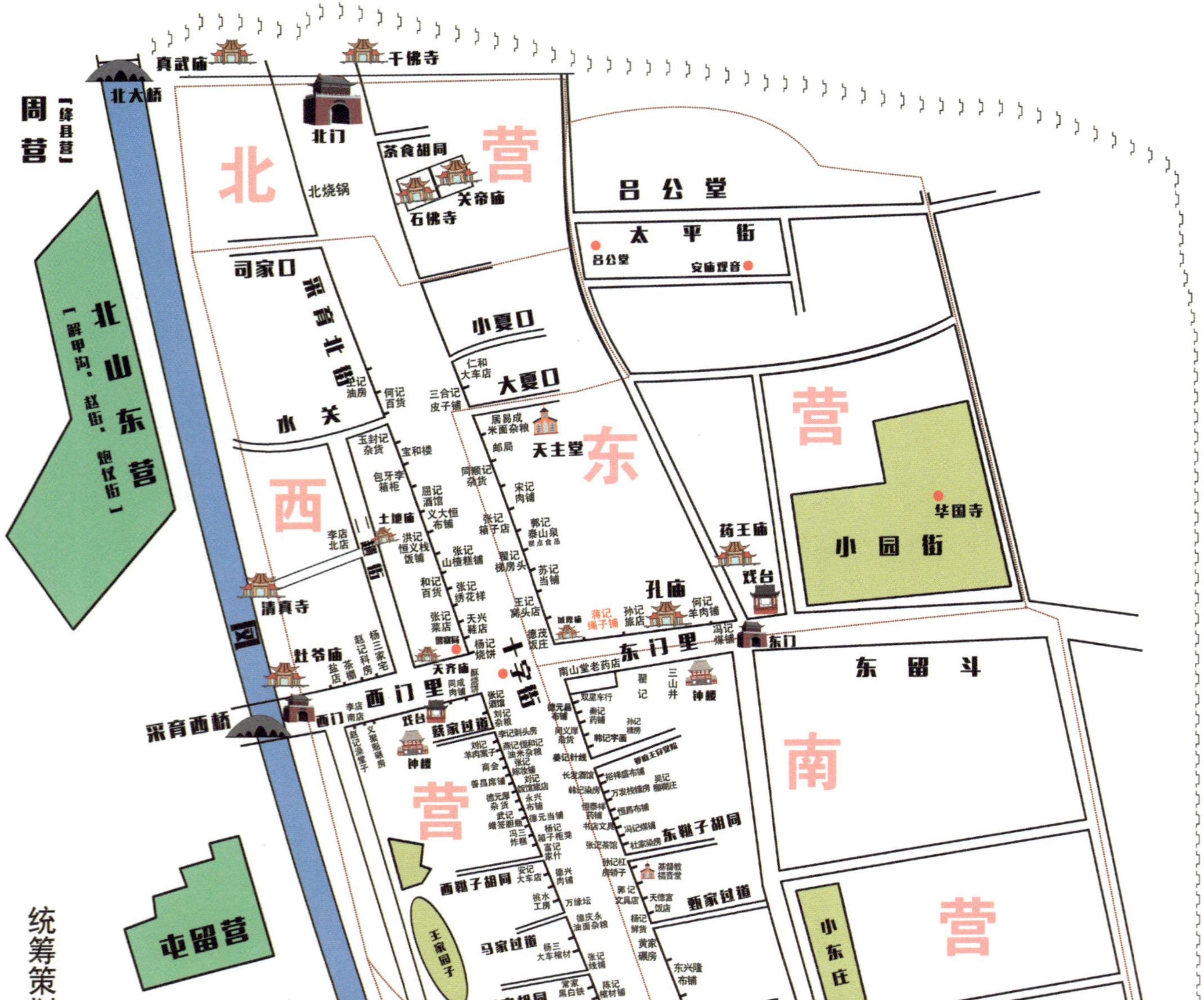

真武庙
千佛寺
北大桥
周营
【绛县营】
北门
北营
茶食胡同
北烧锅
关帝庙
石佛寺
吕公堂
太平街
吕公堂
安庙观音
司家口
采育北街
小夏口
大夏口
仁和大车店
三合记皮子铺
何记百货
何记油房
水关
北山东营
【解甲沟、赵街、炮仗街】
西营
居易成米面杂粮
邮局
天主堂
东营
玉封记杂货
宝和楼
同顺记杂货
宋记肉铺
包牙李箱柜
居记酒馆
义大恒布铺
张记箱子店
郭记泰山泉
土地庙
洪记恒义栈饭铺
张记山楂糕铺
瞿记梯房头
苏记当铺
李店北店
和记百货
张记绣花样
王记窝头店
孔庙
何记羊肉铺
清真寺
张记菜店
天兴鞋店
蒋记绳子铺
孙记旅店
药王庙
戏台
小园街
华国寺
杨三家宅
赵记料房
杜爷庙
茶铺
盐店
杨记烧饼
德茂饭庄
冯记爆铺
东门
东门里
南山堂老药店
东留斗
天齐庙
十字街
三山井
钟楼
西门里
同成肉铺
采育西桥
西门
李店南店
戏台
蔡家过道
德元昌布铺
双星车行
秦记药铺
孙记糖房
钟楼
商会
韩记字画
南营
东鞴子胡同
西鞴子胡同
甄家过道
马家过道
王家园子
屯留营
小东庄
营

（一九五六年以前）

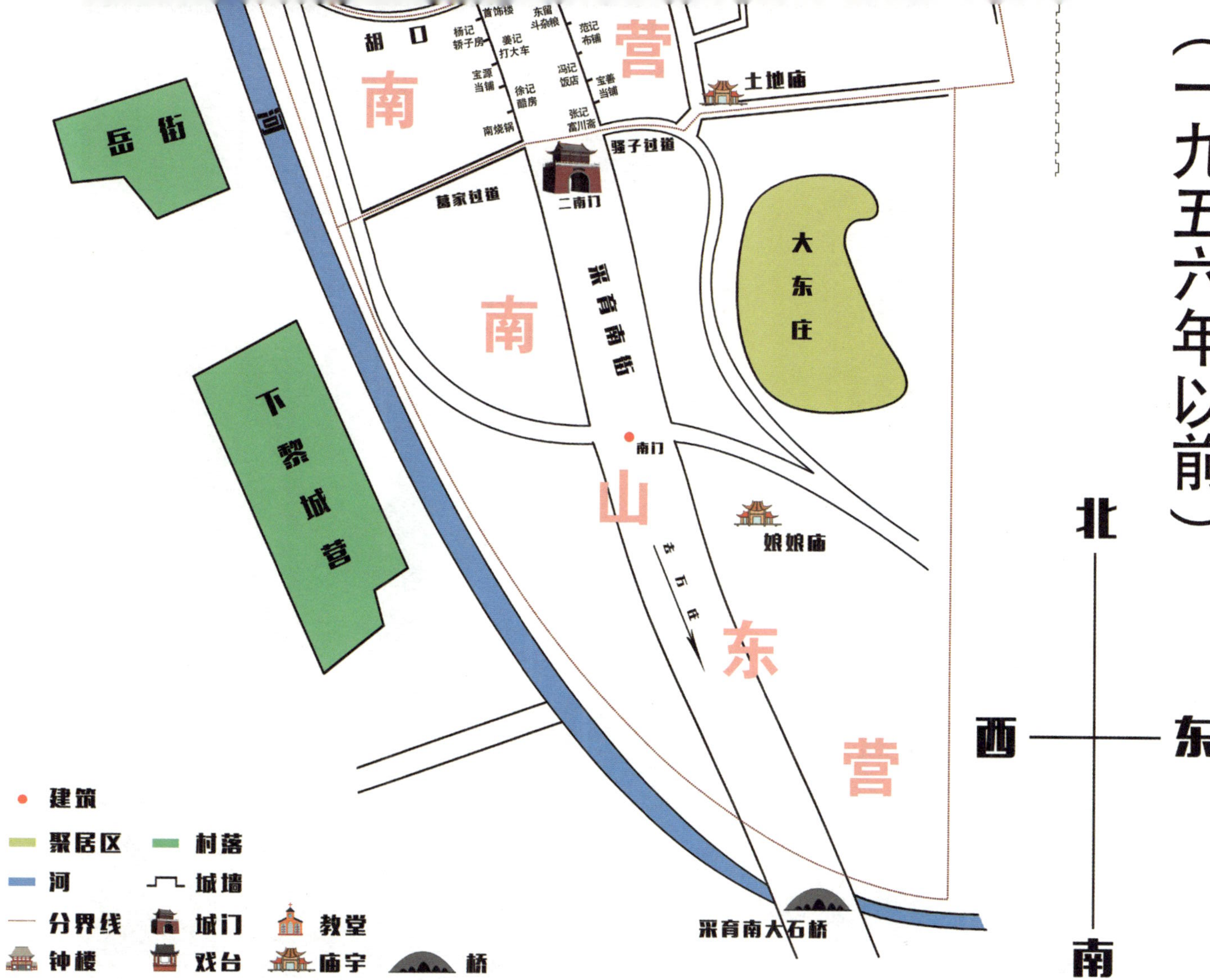


制图：肖洪斌 赵礼明 李永安 陈德龙 秦泽民

张振东 吴海龙

二零二零年十一月十日

鸟瞰采育镇（2016 年）

采育生态园区一角（2012 年）

庭院

“中国葡萄之乡”采育镇生态景观（2016 年）

采育万亩葡萄园（2016 年）

玛莱特红酒庄园（2016 年）

中国葡萄博物馆展厅（2004 年）

# 目录

# 畿辅重镇　葡萄之乡

采育镇位于北京市东南部，隶属于北京市大兴区，距市中心25千米，历来是进出京城、东去天津、南下宁沪杭的重要门户。采育镇风土富饶，川泽秀美，地灵人杰，清乾隆皇帝在巡视畿辅时曾留诗盛赞："京南富庶村，厥名采育里。"在这里，千余年的历史遗存星罗棋布，多地移民融合的文化源远流长，三千亩原始次生森林一碧万顷，两万亩有机葡萄园风光无限，矿物质丰富的地热温泉舒适宜人，高新科技园区异军突起，古今变迁的印记融入了百姓生活。"北京采育经济开发区""中国葡萄之乡"成为享誉四方的新城镇名片。

采育镇标志——“采”字首字母“C”（2016 年）

## 京南文化古镇

古河道之滨，京东南门户，采育镇自古就是畿辅重镇。一千余年的历史长河中，采育博采广纳，多元文化在此交融、汇聚，形成了独具特色的采育文化，且文脉传承不衰，风物韵味依旧，史迹古风犹存。

采育镇地名本身就是历史的见证，据《辽史拾遗》记载，辽开泰元年（1012），此地称为采魏院，辽景福元年（1031）曾建有石塔，并有《采魏院陀罗尼石塔记》传世。元至元二十一年（1284），采魏院改称采魏里。明洪武元年（1368），该地设立蕃育署，专为宫廷筹措鸭鹅等禽品，以供应太常寺、光禄寺和御膳之用，故有“鸭鹅城”之称。

据《重修白果寺碑》记载："上林苑统四署，风土之饶，川泽之秀，则以蕃育署为首。"清康熙二十三年（1684），此地改名采育营，初设守备，其所辖称"七十二连营"，是左安门东南大道上第一大镇。清乾隆年间（1736—1795），又将凤河沿岸大部分村庄划归大兴，设采育镇，驻巡检司。乾隆在巡视畿辅时，留诗盛赞采育为"京南富庶村"。

作为畿辅重镇，采育在发展变迁中留下了许多历史气息浓郁的遗址遗迹，三桥、四门、五台、八庙、七十二连营五大名胜，不仅是古建筑群的存世经典，也传承着传统文化的丰富意蕴。其中，七十二连营有"铁壁固守，外寇难侵"之意。而五孔石桥、大堤椿树、晨钟暮鼓、文昌高阁、"三山一井"、倒座观音、古寺石佛、魁星高照等八大景点，记录着不同的时代特征和历史故事。药王庙、文庙、关帝庙、石佛寺等名刹古寺，寄托了人们在生产生活中的美好希冀。辽金村落遗址、李氏墓遗址、大里庄萨公遗址、王守成墓、传统老街等历史文化遗存，底蕴积淀深厚，是采育人民智慧的结晶。

各地移民的迁入，南北人员的往来，多元文化的融合，世世代代的传承，形成了采育浓郁的民俗文化和多姿多彩的非物质文化遗产。中幡大鼓、雕版刷印、山楂糕、酥烧饼、罐蒸、咯吱盒、碾转儿、灌肠等，都是采育人长期社会生活的沉淀。《凤河的传说》《五孔石桥的传说》《七十二连营之说的由来》《义和团的故事》等传说与掌故，也成为采育宝贵的历史文化财富。

## 中国葡萄之乡

得天地之便，育万物之华，地灵人勤的采育镇，充分利用得天独厚的自然环境，推广葡萄种植，助力产业化发展，打造万亩葡萄园，成就文旅生态乡，成为远近驰名的"中国葡萄之乡""京南吐鲁番"。

采育镇地处被称作"美酒黄金线"的北纬40°一带，气候、水土等自然条件可媲美世界著名的葡萄之乡——法国波尔多，适宜葡萄生长，果实品质好，含糖量高，果形匀称，口感上佳。

自明清时期，采育就有庭院葡萄种植史，明朝陈霆《蝶恋花·葡萄》中曾写道：“一架藤萝，搅碎闲庭院。虬尾丝丝帘影乱。真珠拂地无人卷。”20 世纪初，采育开始引进一些优质葡萄品种，20 世纪 70 年代，潘铁营、沙窝营的优质玫瑰香葡萄被选送北京，供国宴招待外宾食用。

1997 年，采育镇加快农业产业化步伐，启动万亩葡萄种植工程，并被列为北京市 20 个重点项目之一。次年，全镇葡萄种植面积近 2 万亩，年产量 1.5 万吨，占据北京葡萄市场的三分之一。采育镇积极引导农民利用葡萄资源优势向二、三产业转移，实现了葡萄生产的产业化，通过与葡萄酒生产企业合作，建立酒用葡萄生产基地，出产的葡萄酒品质一流，不但在国内深受喜爱，更远销 14 个国家和地区。1998 年 5 月，采育葡萄及其深加工产品“丰收”牌葡萄酒，通过了中国绿色食品发展中心“绿色食品”认证，被确定为无污染、无公害、营养丰富的绿色食品，达到了绿色食品 A 级标准。采育葡萄实现了“从土地到餐桌的绿色革命”。

在发展葡萄经济的同时，采育镇还以葡萄为媒，做强做大文旅产业。从 1998 年开始，采育镇投资建设了 5 千米长的双臂、拱架葡萄长廊，建成占地 2000 平方米，集科研、培训、住宿、娱乐于一体的葡萄庄园。自 2001 年起，采育镇举办每年一届的北京大兴采育葡萄文化节，吸引了数以万计的国内外游客旅游观光，不但提高了采育的知名度，促进了旅游业的发展，同时也增加了农民的收入。2003 年北京大兴采育葡萄文化节期间，采育镇与 20 个企业达成合作，签约投资金额达 14.16 亿元。2009 年，北京大兴采育葡萄文化节当月，旅游观光人数达 39.8 万人次，旅游收入达 1691.5 万元。文化节期间开展的招商引资活动，签约金额多则十几亿元，少则上千万元。

2002 年 6 月，采育镇被中国特产之乡推荐暨宣传活动组织委员会授予“中国葡萄之乡”称号。2005 年，第五届北京大兴采育葡萄文化节上，新疆吐鲁番向采育镇赠送了“北京吐鲁番”牌匾。至 2016 年，采育镇种植葡萄 2 万余亩，品种 300 多种，产量达 2 万吨，产值 1.15 亿元；从业人员 1.2 万人，占全镇人口的 37.5%。葡萄产业成为全镇农业的一项支柱产业。

# 现代经济强镇

自古形胜之地，现代四方通衢。采育镇在地理上，是北京、天津、河北交界地带的中心，又是大兴、亦庄、副中心、新机场、武清和廊坊的交汇中心，特别是亦庄开发区、大兴机场临空经济区两个高端产业新区的叠加区域，是京津冀协同发展前沿区域的中心城镇。立足这一区位优势，采育镇抓住发展机遇，以现代制造业为主导，以现代服务业和高效都市农业、观光农业为两翼，逐渐发展成为首都东南郊产业特色突出、城镇功能齐备的特色小城镇。

20 世纪末，采育镇贯彻落实大兴县“科教兴县、城镇带动、产业互促、协调发展”战略，坚持“扬一产之长，突二产之优，孕三产之势”，以产业为龙头，以北京采育经济开发区为平台，筑巢引凤，招商引资，打造经济发展的主导产业。1999 年，北京大兴采育科技园正式批建，以发展汽车零部件产业为主导，在不断壮大中，带动了采育经济的跨越式发展。2000 年，全镇工业总产值 1.74 万元，占工农业总产值的 53.1%，开创了采育镇有史以来工业总产值超过农业总产值的历史。2004 年，北京大兴采育科技园被确定为北京 28 个市级工业开发区之一。2006 年 3 月 17 日，经北京市人民政府正式批复，成为市级经济开发区，更名为北京采育经济开发区，并于 6 月 6 日通过国家发展与改革委员会审核，成为第六批达到审核要求的省级开发区之一。截至 2008 年，注册资金 100 万元以上法人工业企业总产值 12.7 亿元。

采育经济开发区的独特优势，使之成为发展汽车零部件产业、建设北京汽车零部件产业基地的优选之地。2009 年 11 月，北京新能源汽车科技产业园落成，成为国内最大的新能源汽车生产基地。园区有集零部件生产、整车车间、研发试验、物流为一体的北汽新能源汽车有限公司，蓄电池生产企业北京普莱德新能源电池科技有限公司和以生产电机为主的北汽大洋电机科技有限公司等企业。2010 年，北京新能源汽车科技产业园加大电池、电机、电控三大核心技术研发应用及企业的引入，重点推动新能源汽车关键零部件“三小电”（汽车充电器、电辅助转向、电空调）技术研究与应用及招商力度，逐步形成完整的新能源汽车产业链。至2016年，北京新能源汽车科技产业园规模以上工业企业完成工业总产值129.1亿元，占采育镇规模以上工业总产值的93.7%。采育镇因此成为全国新能源汽车产业重镇。

2016年，采育镇工业企业发展迅速，工业总产值达到149.2亿元，跃居为工业产值“百亿大镇”。同时，采育镇“五区一园”工程，即镇区、工业园区、物流园区、休闲度假区、农业示范区和葡萄观光园工程，各项建设逐渐步入正轨。供水、排污、电力、热力、通信、天然气等设施齐备，实现了“八通一平”。农业高新产业区、葡萄观光园等现代农业项目给采育注入了新鲜元素。

## 养生宜居之地

采育镇生态环境优美，拥有传统的自然田园风光、成片的原始次生林和优质的地热资源，森林覆盖率达47%，可谓“城在林中、人在绿中”，是养生宜居之地。

中华人民共和国成立以来，采育坚持植树造林，不断加强环境治理，3000亩的原始次生森林，2万亩葡萄园，打造了良好的绿色发展空间。富含多种矿物质的采育地热温泉，矿化度较低，补给面积大，水量充足，水位、水温及水化学成分含量稳定，无污染。以此为基础，采育的温泉疗养中心、亚健康康体中心、高尔夫球场等养生休闲项目方兴未艾。

2001年6月，采育镇被确定为北京市33个重点建设的中心小城镇之一，是全国重点发展的试点小城镇之一，镇党委、政府更加注重改善和提高人民生活水平和生活质量，以宜居、宜业、宜游为主导，将居住、环境、就业、交通、文化教育、医疗、休闲娱乐等有机结合，打造均衡、可持续发展的新城镇。

随着采育镇经济的不断发展，居住人数大幅度攀升。打造宜居之镇，成为采育镇重要的发展内涵之一。2012 年，采育镇中心小城镇建设完成 80 万平方米回迁楼，实现 12 个行政村拆迁村民回迁入住。通过新农村建设，采育有步骤、有措施地推进人居生态环境建设，打造绿色公共休闲空间，实现了镇村综合环境的整体提升。采育小城镇开发中，园林格局时尚，绿地占总面积的三分之一，别墅区、高档公寓区、老年公寓和普通住宅布局得宜，商住、文化、医疗、体育、科技、商业等各项设施配套建设协调发展。可容纳万人的文化广场、中心商业街以及医院等公共设施方便了居民生活。名校的入驻、师资力量的引进，以及从幼儿园、小学、初中、高中到职业技术培训的教育体系的完善，更满足了居民日益增长的品位需求。

到 2016 年，采育镇中心小城镇的道路交通、水电改造、污水处理等基础设施已基本完善，文化体育、便民服务设施齐全。

采育，这个富庶而充满生机的千年古镇、“中国葡萄之乡”，随着中心小城镇建设步伐的加快，已成为产城融合、宜居宜业的现代新城镇。千年古镇，正在续写新的辉煌。

# 基本镇情

采育镇位于北纬 39° 50'，东经 116° 43'，东西长 9.1 千米，南北宽 7.87 千米，总面积 71.16 平方千米。因辽代起曾名“采魏院”“采魏里”，明代又为蕃育署，后合名为“采育”。得天独厚的自然环境，四通八达的区位优势，多元融合的人口发展，形成了具有采育特色的独特镇情。中华人民共和国成立后，特别是改革开放以来，经济建设稳步提升，社会事业快速发展，人民生活和谐稳定。

# 建置区划

**地名由来** 采育镇名由“采魏院”“蕃育署”各取一字而得名。“采魏院”作为地名在辽开泰元年（1012）已经出现，元至元二十一年（1284），“采魏院”改称“采魏里”。明洪武三年（1370）至明永乐十五年（1417），安置大批山西、山东移民于此屯垦。明永乐五年（1407），于此地设立蕃育署，为皇家养育禽畜基地，署治所设在采育。蕃育署直属上林苑，专为宫廷筹措鸭鹅等禽品，供应太常寺、光禄寺和御膳之用。后合新旧名而称为采育。清乾隆年间（1736—1795），将凤河沿岸大部分村庄划归大兴，设采育镇，驻巡检司，故有“畿辅首镇”之称。

据明末清初孙承泽《春明梦余录·名迹》（卷六十四）载：“采育，乃古安次县采魏里也。明初为上林苑，改名蕃育署，而人仍呼采育，合新旧而名之也。”清英廉等编的《钦定日下旧闻考》、李卫等编纂的《畿辅通志》，都沿袭此说法。

**地理位置** 采育镇位于北纬39° 50'、东经116° 43'，东西长9.1千米，南北宽7.87

采育古镇图（2010年）

千米，总面积 71.16 平方千米。东部与通州区于家务镇接壤，南部与河北省廊坊市相接，西部和北部与大兴区长子营镇毗邻。采育镇东南是河北省廊坊经济技术开发区、廊坊高新技术产业开发区和东方大学城，西南部是北京大兴国际机场。采育地处京津冀交汇处，环渤海经济圈中心地带，自古以来就是出入京城、东去天津、南下沪杭的重要门户。采育镇紧邻京沪高速（原京津塘高速）和 104 国道，距北京首都国际机场 57 千米，距天津滨海国际机场 70 千米，距北京南苑机场 35 千米，距北京站 38 千米，距北京西站 50 千米，距天津港 110 千米，交通便利。

**历史沿革**　辽开泰元年（1012）十月，境域称采魏院，属燕京析津府；辽太平六年（1026）采魏院在南京道析津辖区内。金天辅六年（1122），隶属金；北宋宣和五年（1123），隶属北宋；金天会三年（1125），为金中都大兴府安次县崇福乡。元至元十九年（1282），采魏院隶属上林苑。

元至元二十一年（1284），采魏院更名为采魏里，隶属大都路（今廊坊市西）东安县。明洪武元年（1368）八月，该地设蕃育署，隶属上林苑；明永乐五年（1407），改上林苑为上林苑监，境域隶属林苑监蕃育署。清康熙二十三年（1684），为采育营，是京东南第一大镇，隶属京师顺天府东安县。清乾隆三十二年（1767），采育镇划入京师顺天府大兴县。1912 年中华民国成立后，采育镇隶属未变。1928 年，大兴县划归河北省，采育为大兴县第二区。1930 年，采育建镇，隶属未变。1939 年 7 月，大兴县划分 6 个区，采育镇为第二区。1944 年，中共平南工委办事处以采育为中心建立五联区。1945 年，大兴县下设 5 个区，采育为第二区。1948 年 12 月，采育全境解放。1949 年 10 月，大兴县人民政府全面接管采育，采育为大兴县第九区。是年 12 月，大兴县进行区划调整，采育设区，为大兴县第九区。1950 年春，大兴县进行区划调整，采育为大兴县第五区。是年 8 月，随大兴县划属河北省通县专区。1955 年 6 月，大兴县各区由数字区改为地名区，采育为大兴县采育区。1956 年 6 月，县撤区并乡，采育区撤销，成立采育乡。1958 年 3 月，采育乡随大兴县划归北京市。是年 9 月，采育建立人民公社。1983 年 7 月，采育人民公社撤销，成立采育乡。1990 年 2 月，撤销采育乡，成立采育镇。2000 年 3 月，原大皮营乡、凤河营乡并入采育镇。截至 2016 年 12 月，其隶属关系未变。

**辖区变迁**　明永乐二年（1404），境域蕃育署沿凤河两岸共计 58 营。

清康熙二十三年（1684），采育营（建置实同镇）所辖称“七十二连营”，范围涉及采育、青云店、长子营 3 个镇 66 个村。

1939 年 8 月，乡（镇）内编制由邻闾制改为保甲制。6 ~ 15 户为 1 甲，6 ~ 15 甲为 1 保，10 保为 1 乡（镇）。采育第二区辖 5 个乡（镇）、53 个保（自然村）。1947 年，采育建立镇公所（位于镇十字街东文庙内），辖 7 个保。1949 年，采育建立人民政权，为大兴县第九区，辖 73 个村、1 个镇。1 个镇，即采育镇，镇辖东营、西营、南营、北营和南山东营 5 个营。

1953 年春，大兴县区下设乡，采育区下设采育乡、车固营乡、朱庄乡、大同营乡、大皮营乡、凤河营乡、张各庄乡、辛店乡、北泗乡、长子营乡、沁水营乡 11 个小乡 72 个村。

1956 年 6 月，大兴县撤区并乡，采育乡（俗称“大乡”）管辖范围扩大，东至前甫村、后甫村，南至山东营村，西至永合庄村，北至宁家湾村。共辖 19 个村和 1 个采育镇。

1958 年 3 月，根据国务院区划调整，采育乡随大兴县划归北京市，管辖范围包括原采育境域的村、镇，加上青云店镇所属 41 个村和青云店镇（青云店镇辖一村、二村、三村、四村、五村、六村）总共 114 个村（其中包含大村中的若干小村）、2 个镇。是年 9 月，全国农村人民公社化，采育撤乡建人民公社。采育人民公社辖 13 个生产大队 2 个镇（采育镇、青云店镇）。1959 年秋，采育人民公社所辖 13 个生产大队合并为 7 个生产大队，其中，采育生产大队辖 31 个生产队、1 个采育镇。

1961 年 4 月，采育人民公社又划分为采育、青云店、长子营、凤河营 4 个人民公社（俗称“小公社”）。采育人民公社辖 41 个生产大队和 1 个采育镇。

1974 年 7 月，采育人民公社所属的朱庄、罗庄、大皮营等 27 个生产大队划出，分别成立朱庄和大皮营 2 个人民公社。同期，采育人民公社所辖部分生产大队分成 2 个或

采育镇人民政府办公楼（2016 年）

3个不等的生产大队，共辖24个生产大队。

1976年8月，采育人民公社辖15个生产大队和1个采育镇。

1983年7月，采育人民公社撤销，设立采育乡，辖27个行政村。同期各生产队建置撤销，分别成立行政村，建立村民委员会。1990年2月，北京市政府批准撤销采育乡，设立采育镇，辖27个行政村。

2000年3月，大皮营、凤河营2个乡并入采育镇。新设立的采育镇（镇址由新十字街东路北迁至北京采育经济开发区）辖55个行政村。即南山东营一村、南山东营二村、南营二村、南营三村一、南营三村二、南营三村三、东营一村、东营二村、西营一村、西营二村、西营三村、西营四村、北营村、宁家湾村、北山东营村、屯留营村、岳街村、下黎城营村、东庄村、西庄村、施坟村、前甫村、后甫村、邵各庄村、南辛店一村、南辛店二村、北辛店村、大黑垡村、东半壁店村、大里庄村、龙门庄村、倪村、张各庄村、哱啰庄村、凤河营村、沙窝店村、庙洼营村、延寿营村、康营村、东潞洲村、利市营村、小皮营村、大皮营一村、大皮营二村、大皮营三村、包头营村、山西营村、大同营村、韩营村、铜佛寺村、广佛寺村、杨堤村、辛庄营村、潘铁营村、沙窝营村。其中，以山西地名命名的村庄有：屯留营村、大同营村、山西营村、下黎城营村、铜佛寺村等。

2015年，育星苑社区成立。

截至2016年12月，采育镇镇址、辖区未变。

建设中的采育小城镇（2016年）

# 自然环境

## 地质　地貌

**地质**　境域内深层地质构造为古生代寒武纪岩基层，浅表层为永定河洪冲积物质——黄土、黏土、砂、砾石堆积而成。地下板块方向断裂带构造复杂。采育—通州西集为地热异常带。

**地貌**　境域属永定河冲积平原，地势较平坦，西北高，东南低。最高点海拔 21 米，最低点海拔 13.5 米。因受河流冲击影响，自然形成高低不同的地貌，丘垄与洼地相差 2 ～ 5 米。

## 气候　水文

**气候**　采育镇位于北纬 39° 50＇，东经 116° 43＇，属暖温带、半湿润地区，四季分明，是典型的中国北方气候。春季雨少风多，易干旱；夏季炎热多雨，有旱有涝；秋季天高气爽；冬季少雪，寒冷干燥。自 20 世纪 90 年代始，冷暖变化较大，入冬晚，气温偏高，平均比常年偏高 1℃～ 2℃，年降雨量递减，旱情较重。

**水文**　境域年均降雨量 600 毫米，平均蒸发量 1800 毫米左右。地表层主要为河流冲积累物质，由黄土、砂、砾石等堆积而成。地下水取决于上游储量，透过砂层渗透。地表水贫乏，地下水位逐年下降。

## 自然资源

**土地资源**　境域属永定河冲积平原，表层土壤属于永定河冲积平原下缘，是永定河的冲积层。地表壤土面积占 85% 以上，耕层土壤以中壤为主，孔隙度 55% 左右，保水保肥性能好，有利于微生物生长。2016 年，镇域耕地面积 4.4 万亩，林地 3000 多亩。

**水资源**　流经境域较大的河流为凤河及其支流岔河。20 世纪中叶以前，凤河大部分年份水源充足。1955 年，采育曾组织人民群众疏浚凤河东大屯至大回城段，长约 3 千米；

开挖凤河下段，长22.21千米，完成土方110.88万立方米。自此，凤河有了固定河道，稳定了水位。

*矿产资源* 境域地下1506～1548.6米蕴藏石油，油层厚39.9米/2层，蕴藏量为230万～240万吨。

**野生动植物资源** 动物：20世纪50年代，域内已无大型兽类，只有狐狸、獾、狸狗等中型野兽，较多的兽类是小型野生动物。20世纪60年代后，兽类野生动物只在凤河两岸的丛林中偶尔出现。20世纪90年代前期，野生鱼类及虾、蚌、蟹、螺、龟鳖基本灭绝，青蛙锐减。至2016年，野生动物仅飞禽和昆虫保存较多，常见的鸟类有麻雀、喜鹊、黄鹰、苍鹰、斑鸠、乌鸦、燕子、黄鹂、杜鹃、山麻雀、三道眉草鹀、金腰燕、红（蓝）点颏、绣眼鸟、灰头鹀等。昆虫有蜻蜓、蝉、蝴蝶、蜜蜂、蚂蚁、蟋蟀、蝗虫、蚊子、苍蝇、甲壳虫、天牛、螟虫、蚜虫、瓢虫、萤火虫。其他野生动物仅有老鼠、黄鼠狼、蛇、蜥蜴、青蛙等，数量均大为减少。

植物：20世纪60年代以前，境域木本植物主要有槐、榆、柳、杨、桑、枣、桃、梨、山楂、荆条等。草本包括禾本植物主要有芦苇、稗类、狗尾草、大小画眉草、白茅、虎尾草、蒺藜、荠菜、诸葛菜、独行菜、毛茛、茴茴蒜、野苋菜、水蓼、扁蓄等，藤本植物主要有茜草、爬山虎、藤萝、葛、野葡萄等。水生植物有浮萍、莲藕、蒲草等。进入21世纪，随着农村城市化的开发建设和人工绿化，野生植物资源日益减少。到2016年，野生植物基本被人工栽培植物代替，原生态野生植物品种木本所剩无几，唯草本、藤本资源尚有少量生长。遗存的古树，尚有7棵树龄160～311年的国槐、树龄311年的1棵银杏，以及零星的椿树、松树等。

## 自然灾害

**水灾** 历史上，域内地势比较低洼的地块，或因河水渍涝，或因暴雨沥涝，大小水灾不断发生。明天启六年（1626），“闰六月，大雨连旬，禾稼受损”“十二月，上免蕃育署鹅八千只，鸡蛋减半，以示优恤之意”。1923年8月17日，狂风暴雨，境域平地水深0.67米，多年失修草房悉数冲塌，死伤人口甚多，所有庄稼均被淹没。20世纪50年代，发生的较大水灾有4次。20世纪60—70年代，发生较大水灾5次。20世纪80年代后，通过修渠治河，水灾减少。

**虫灾** 历史上，境域内不断遭受蝗灾，造成粮食减产甚至绝收。其中，明代8次，尤其明正统五年至七年（1440—1442）接连三年出现蝗灾；清代4次；中华民国1次。

每次蝗灾，境域粮食均减收。1966 年 8 月上旬，采育人民公社遭受黏虫灾害，秋粮减产 1000 多吨。1973 年秋，玉米遭受钻心虫侵害，80% 地块受损，减产 24%。1990 年，玉米授粉时，全镇普遍遭到十年不遇的第三代黏虫攻击，由于防治及时，损失较小。

**震灾** 采育境域受周边地震影响，各朝代出现过不同程度的灾害。其中，金代 3 次；元代 6 次；明代最多，达到 53 次；清代 9 次，尤其清康熙十八年（1679）农历七月二十八日，京师大地震，蕃育署“地裂深沟，缝涌黑水甚臭，日夜之间频震，人不敢家居”（清光绪《顺天府志》卷六十九）。1976 年 7 月 28 日凌晨 3 时，唐山发生大地震，波及京郊，采育受灾严重，砸死 16 人、伤 102 人，房屋倒塌 11217 间。震后，中共中央、中共北京市委派出慰问团，调拨救济物资；中共大兴县委、县政府组织兄弟公社人力物力帮助重灾人民重建家园。

**瘟疫** 明嘉靖三十三年（1554），“瘟疫，东安人死过半”。中华人民共和国成立后，人民政府重视瘟疫防治。1974 年 6 月，南营三大队发现有马感染四号病，经疫情普查，全公社 20 多个生产大队的 160 多头大牲畜带有四号病菌，政府组织力量，采取果断措施，及时阻止疫情的蔓延。2003 年春天，非典型性肺炎（简称“非典”）袭击北京。中共采育镇委、镇政府遵照中共大兴区委、区政府的统一部署，经过 100 多个日日夜夜的艰苦奋战，取得全民动员、抗击“非典”的胜利，采育镇成为全区 5 个无“非典”疫情的乡镇之一。

# 人口　民族　姓氏

## 人口

**人口发展** 明代以前，境域人口无统计资料。清顺治十二年（1655），编审人丁，蕃育署 1733 丁（男为丁、女为口）。清康熙二十四年（1685），有人丁 3810 人。清乾隆三十五年（1770），采育有居民数千家。1939 年，采育五营（东营、西营、南营、北营、南山东营）6493 人，连同所辖 53 保，共计 25991 人。1947 年，采育镇五营（镇域辖区）加下黎城营、岳街、屯留营村共计 1465 户 6367 人。

1949 年，采育镇五营（镇域辖区）6442 人。1953 年全国第一次人口普查，采育全区 72 个村有居民 8319 户 38889 人。1964 年，采育公社 46 个生产大队有居民 5450 户 25773 人。1982 年，采育公社 27 个生产大队有居民 3992 户 15135 人。1990 年，采育乡 27 个行政村有居民 4220 户 17187 人。2000 年，采育镇 55 个行政村总人口 30945 人。2010 年，采育镇总人口 3.4 万人。截至 2016 年 12 月，采育镇共有居民 15716 户 35273 人。

**人口性别** 1939 年，采育镇总人口 25991 人，其中，男 13796 人，女 12195 人。1947 年，采育镇 6367 人，其中，男 3316 人，女 3051 人。1949 年，采育镇 6442 人，其中，男 3345 人，女 3097 人。1964 年第二次人口普查，采育公社总人口 25773 人。采育五营有人口 6477 人，其中，男 3318 人，女 3159 人。1982 年第三次人口普查，采育公社 15135 人。其中，采育五营 7434 人，男 3733 人，女 3701 人。1990 年第四次人口普查，采育乡 17187 人，其中，采育五营 8089 人，男 4123 人，女 3966 人。2000 年第五次人口普查，采育镇户籍总人口为 31751 人，其中，男 15803 人，女 15948 人。2005 年，因大皮营、凤河营两乡并入采育镇，总人口增至 31821 人，其中，男 15873 人，女 15948 人。2016 年年末，全镇有居民 15716 户，总人数 35273 人，其中，男 17508 人，女 17765 人。

**人口密度** 1953 年第一次人口普查，采育镇总面积 192.5 平方千米，总人口 38889 人，人口密度每平方千米 202 人。此后，人口密度逐年上升。1964 年，每平方千米 217 人；1982 年，每平方千米 453 人；1990 年，每平方千米 492 人。2005 年，采育镇总面积 71.671.6 平方千米，总人口 31821 人，人口密度每平方千米 444 人。2016 年年末，采育镇辖 55 个行政村、1 个社区，总面积 71.6 千米，总人口 35273 人。随着农村城市化的加快，部分村庄拆迁，有 13 个行政村搬迁入住楼房，人口密度为每平方千米 489 人。

**民族** 采育镇人口以汉族为主，其占总人口的 98% 以上。明朝以后，有少数回族人在此落户。清朝时，满族官吏士卒奉命到镇驻守，在此落户。中华人民共和国成立后，随着经济发展和人们社交日益广泛，婚嫁中也增加了一些少数民族人口。2016 年年末，境域除汉族外，还有满族、回族、蒙古族、黎族、苗族、侗族、达斡尔族、朝鲜族、白族、壮族、维吾尔族、哈尼族、藏族、瑶族 14 个少数民族。少数民族中，满族、回族、蒙古族人口较多，分别为 88 人、57 人、14 人。

**姓氏** 明初，域内村民较少，大部分是从山西平阳、山东青州、河北晋县（今晋州市）等地迁徙至此的移民，总计5000多户。其中，从山西移民的有下黎城营村的袁姓、郭姓和李姓三大姓氏；后甫村王氏、任氏、禹氏、周氏四大姓氏；潘铁营村的潘氏、倪家村的倪氏；张各庄村的张氏；康营村的康、季、崔三姓氏；韩营村的韩氏；杨堤村的杨氏；辛庄营的蔡氏；沙窝营村的闫氏等姓氏。从山东青州迁入的有王、赵等姓氏，主要分布在北山东营等村。还有岳家街村为清代镇守旗人守墓发展起来的岳氏等。

明代，采育镇姓氏较多，各大姓氏家族以血缘为纽带互相结合，以家族聚居并逐渐发展成自然村落。随着时代变迁，各大姓氏家族发展规模不同，其中，王姓为境域第一大姓氏。1990年，王姓家族共有613户，占全镇总户数的14.2%。王姓中，镇域南王府家族一支发展规模较大。该支先祖为明代从山东迁至河北省廊坊市东储村（属东安县）落户，其部分后代又迁至采育境域居住。明万历年间（1573—1620），王姓家族中，王守成于明正德九年（1514）入侍宫廷，其后家族逐渐发展壮大，明天启年间（1621—1627），有近300人。截至2016年年末，王守成家族延续20多代，人口逾2000人（包括该支东储村王姓人口）。

中华民国时期，境域凤河营村齐、马、杨3个姓氏也是大户，人口较多。

20世纪50年代以来，因搬迁等多方面原因，三姓（齐、马、杨）家族人数逐渐减少，齐姓家族已经消失。截至2016年年末，采育镇有姓氏343个，超过1000人的姓氏有王、张、李、赵、郭。王姓居首，达4072人。张姓3696人，李姓2604人，赵姓1068人，郭姓1046人。

## 村镇建设

**村庄建设** 中华人民共和国成立前，采育镇及所属村庄、街巷脏乱狭窄，道路泥泞，沿途多有粪便，池塘坑洼污水恶臭，村民居住环境脏、乱、差。20世纪50—70年代，采育镇结合生产清除垃圾，铲锄杂草，植树造林，治河修路，整治街道，改善村镇环境卫生。开展“两管、五改”环境治理工作（“两管”：管水、管粪；“五改”：改水井、改厕所、改畜圈、改灶、改善环境）。村庄环境大有改观。20 世纪 80—90 年代，采育镇加大环境治理力度，在主要街道建公厕、砌排水沟；拆除破旧棚圈；对机动车、锅炉和工厂环境状况建立档案。在西庄村建农业生态平衡试点，搞沼气池综合利用；改造南辛店二村造纸厂锅炉，治理污水；治理岳街村耐火砖厂烟尘；搬迁大黑垡化工厂。

2000 年，采育镇认真实施农村环境治理“五个一”工程。即：每个村配 1 名主管环境卫生的领导，有 1 支 3 ~ 5 人的保洁队伍，有 1 套好的管理制度，有 1 辆专用保洁车，有 1 个固定的垃圾填埋场。2003—2005 年，境域完成道路硬化 12.1 万平方米，修筑排水沟 3700 米，修筑风景墙 2650 米，粉刷外立面 6.8 万平方米，安装路灯 670 盏，建成垃圾压缩站，在主要街道装大小垃圾箱 70 个。全镇共组织 1.8 万人次、动用机动车 8300 辆次，清理 380 个卫生死角，清运垃圾 9800 吨，公路主干道全部得到净化。在实行垃圾无公害化管理工作中，实行户、村、镇三级管理模式。至 2005 年年末，采育镇被评为“市级环境优美城镇”，东半壁店村完成北京市“生态文明村”创建工作，山东营一村被评为“环境优美示范村”。

2006 年是社会主义新农村建设的第一年，采育镇累计投资 1630 万元，完成 3 个村涉及 690 户的自来水建设项目；完成山西营等 6 个村 737 户的改厕工程；完成村级道路硬化 9.47 万平方米，铺设田间路 0.8 万平方米；更换安装路灯 620 盏，修建排水沟 1.8 万米，砌花墙 2.4 万米，粉刷墙壁 17 万多平方米，拆除违章建筑 1.6 万平方米，增置垃

清理树下杂物（2016 年）

铜佛寺村休闲娱乐园（2016 年）

圾周转箱 108 个、果皮箱 160 个，购置环卫设备，全镇生活垃圾“封闭化”达 80%；在大同营、杨堤等 4 个村安装节能吊炕 530 铺，安装太阳能路灯 304 盏。

2014 年，采育镇集中开展河道排污口整治，查处排污口 16 处；严查生产用水排放，关停排污企业 16 家；完成大兴区第一个以融青生态园为主体的小流域治理工程；严格执行“村收集、镇运输、区处理”的垃圾处理机制，各村垃圾做到日产日清，进一步优化城乡环境质量；拆除违法建设 1000 余平方米，治理各类环境脏乱点 143 处。至 2016 年年末，镇集中对辖区 13 个拆迁村腾退土地、开发区空闲地等 130 万平方米杂草可燃物进行清理，并采用防尘绿网覆盖；完成 4 条区管河道及 17 条镇管河道管护任务，确保河道两侧清洁干净；重点对采育市场等 5 个农贸市场及校园周边重点区域环境进行集中治理。查处无照经营、黑车运营、露天烧烤等违法行为，严厉打击违法倾倒建筑垃圾、生活垃圾、焚烧垃圾等行为，狠抓镇容、村容和公路环境督查，促进辖区环境质量不断提升。

**小城镇建设**

**城镇变迁** 明代，采魏里依傍凤河，水清田肥，地丰物饶，朝廷在此建置蕃育署；清代，采育营为京南大镇。乾隆帝巡视畿辅，路过采育，留诗赞其“京南富庶村”。中华人民共和国成立后，镇域建设步伐加快。进入 21 世纪，采育城完成境域 12 个村的拆迁，城镇化水平达到 70%，成为北京市重点中心小城镇。

《大兴区采育镇总体规划（2005—2020）》主要功能区布局示意图

**规划** 总体规划：2005 年，采育镇制定《大兴区采育镇总体规划（2005—2020）》。《大兴区采育总体规划（2005—2020）》对采育镇定位是京津城镇走廊的重要节点，是北京东部发展带的重要产业基地，是以现代制造业为主导，现代都市农业、绿色人居产业协调发展的北京市重点城镇。依据此定位，制定出近期发展规划和远期发展规划。规划期 2005—2010 年。规划的范围为采育镇行政辖区，总面积为 72.18 平方千米。

建设规划：2001 年 2 月，北京市人民政府办公厅发布通知，采育镇被确定为北京市 33 个重点建设的中心小城镇之一。6 月，《北京市大兴区采育镇经济发展规划（2000—2010）》得到北京市规划委员会批准；《北京市大兴区域规划（2000—2010）》将采育镇的职能确定为“大兴区东南部的重要经济中心城镇，是全国重点发展的试点小城镇之一”。采育中心小城镇位于采育镇区中心，规划占地面积 7005 亩，重点开发建设面积 4020 亩。为发展中心城镇，采育镇政府以现代制造业为主导，以现代服务业和高效都市农业、观光农业为两翼，建设成为产业特色突出，各产业协调发展，城镇功能齐备，生态环境优美，首都东南郊、京—亦—廊—津—塘城市带上强而美的明星镇和特色精品小城镇。在整体布局上，绿地占到总面积的三分之一；建设别墅区、高档公寓区、老年公寓和普通住宅；完成建设商住、文化、医疗、体育、科技、商业等各项设施配套；建成可容纳万人的文化广场、中心商业街以及医院等公共设施；引进师资力量，完善幼儿园、小学、初中、高中至职业技术培训的教育体系；以老镇街区为基础，改建再现古镇风采，展现悠久历史文化的采育镇步行街。

**建设项目** 拆迁改造。2002 年，采育镇投资 1200 万元，完成东西大街总长 1.4 千米的改造工程；完成占地 5000 平方米的镇政府办公大楼建设，改善镇政府的办公条件。2003 年，完成中心小镇基础设施建设 12 项，工业园区基础设施建设 6 项。2010 年，完成中心小城镇 13 个行政村开发拆迁，总面积达 74.6 万平方米，涉及 3280 个院落，7010 人；非民居住宅 168 家。2012 年，完成中心小城镇 80 万平方米的回迁楼建设并实现村民回迁入驻。2015 年，完成蓝天花园小区、恒盛·波尔多小镇（南区、北区、东区）、育新花园小区（A 区、B 区、C 区、D 区）以及满庭春苑自住型商品房入住。新建采育别墅项目，总建筑规模 4.7 万平方米，总投资约 93 亿元。2016 年年末，完成镇区形象提升别墅区一期项目。完善小城镇各种户外环境设施和凤河河道采育段景观平台建设等。

修路铺桥。2002 年，采育镇完成中心小城镇道路建设，硬化 19.74 千米的路面；投资 1000 万元，修筑中心小城镇起步区全长 2.3 千米的福源路。2003 年，投资 30 万元，在采育西口和高速路采育出口设立大型广告牌。2004 年，完成 104 国道采育段改线工程

采育新城镇（2016 年）

别墅（2016 年）

建设；投资 380 万元改建采育西大桥，桥面由原来的 9 米拓宽到 20 米；桥西 1.5 千米路面拓宽，拆房 115 间，清障 7 处，拆迁宅基地 9 户，建封闭式风景墙 336 米；完成镇级公路路面修补 2300 平方米；新修 10 条老镇区公路 7351 米；完成 3 条市政道路及其绿化工程；开通采育镇至劲松、采育镇至亦庄班车，方便居民上下班，改善交通环境。

水电改造。2001 年，采育镇累计投资 1800 多万元，建成 3 座中型供水厂和 1 座集中供水厂，使中心小城镇8000多户居民享用达标饮用水。2001—2002年，投资210万元，完成全镇电力工程改造，新装 180 盏路灯。为方便镇区居民购买天然气，在采育镇区回迁房 B 区商业楼北楼设立燃气销售点；在原有电管站的基础上重建 1 个电管站，改建镇区 35 千伏线路工程，提高供电能力。2005 年，投资 5000 万元筹建施家务 11 万千瓦电站，装机容量 6 万千伏安。2015 年，完成镇区天然气站建设工程，并在采发路南延两侧安装路灯。

污水处理。随着小城镇建设步伐的加快，居民的生活污水和工业污水排放逐年增加，严重影响居民生活质量。2005 年，投入 1240 万元在科技园建设一座日处理 1.5 万吨的污水处理厂，解决整个科技园区及镇区部分居民的污水排水处理问题。

服务设施建设。2004 年，采育镇投资 300 万元，建成占地 2700 平方米的镇区农贸市场；规范蓝天花园小区、恒盛·波尔多小镇（南区、北区、东区）、育新花园小区物业管理；建设养老助残中心、幼儿课后托管中心、社区居家养老照料中心。2013 年，建成采育镇域最大的商贸市场——立奥宇综合市场。2015 年，该市场成为全国农产品联合会会员单位并被评为全国城乡农产品供给先进单位。2016 年年末，为加快中心城镇经济建设，采育镇在加大镇区基础设施投资的同时，重点扶持镇区工业企业、生态农业和公共服务设施的建设发展。其中，由镇政府投资建立的“好又多”国内连锁超市、新世纪家电超市、世纪华联超市及新建或改造的采农市场、镇区农贸市场、奥宇综合市场等，不仅方便了镇区民众购物，也提升了中心城镇经济收入。

生态园区建设。采育公园位于采育经济开发区内，为中心小城镇生态休闲公园，东起采育经济开发区东边界，西至京福路西侧，总面积 217844 平方米，是北京市第一个“一镇一园”项目。园区建设工程包括园林绿化工程、基础设施工程和配套服务设施工程，总投资 5364.53 万元，绿地面积占总面积的 85.91%。基础设施工程包括道路、广场、运动场地、停车场及灌溉工程、电气工程等，配套服务设施包括管理用房、卫生间、垃圾处理房及垃圾箱、座椅等。

2011 年，采育镇以绿化美化为主体、完善配套设施为内容启动生态园区建设工程。2015 年，完成蓝天花园小区，恒盛·波尔多小镇（南区、北区、东区），育新花园小区（A 区、B 区、C 区、D 区），满庭春自住型商品房入住。为提升采育镇区住宅品质，新建采育别墅项目，总建筑规模 24.7 万平方米，总投资约 93 亿元。至 2016 年年末，完成镇区形象提升别墅区一期项目。二期项目建设主要是凤河及镇区内绿化景观、建设镇区北侧公园及特色城市景观围墙、完善中小城镇各种户外环境设施和凤河河道采育段景观平台建设等。

采育公园一角（2016 年）

采育生态小镇（2016 年）

采育开发区一角（2018 年）

高速路采育出口跨线桥处（1997 年）

## 基础设施建设

**道路交通** 明天启年间（1621—1627），采育镇号称“畿辅首镇”，交通便利，为山东、天津入京大道。商贾往来，络绎不绝。清康熙三十三年（1694）二月，康熙皇帝由皇太子胤礽、皇三子胤祉、皇四子胤禛随驾，经采育巡幸畿辅。

中华人民共和国成立后，采育镇在大兴县政府及相关部门的支持下，架桥修路，改善公共交通环境。1958 年，黄村至采育始通公共汽车。1961 年，黄村至凤河营通车。此后，永定门至采育、凤河营的班车逐年增多。到 20 世纪 70 年代末，采育至黄村、采育至永定门的班车增至每天四五个班次。20 世纪 80—90 年代，采育境域交通以镇为中心，京津塘高速公路、黄采公路、黄凤公路、京凤公路、采廊采南公路伸向四面八方。进入 21 世纪，域内交通更为发达。永定门至凤河营的 926 路和黄村至凤河营的 940 路公共汽车，每天增加到十几个班次；廊坊至北京的长途客车也在采育境内设立多个站点；

北京“大七环”采育境段（2016 年）

926路公交车在后甫村设置终点站。104国道穿过采育境域，京津塘高速路在采育设出口。2016年年末，采育道路北通北京市区，南通廊坊市、天津市，南下河北、山东、江浙、福建；货运、客运汽车往来如梭，交通运输发达。全镇55个行政村，村村修建了水泥路或柏油路，与镇域路或镇际路相通。

**水利设施**　河道治理。中华人民共和国成立前，采育镇因凤河堤岸年久失修，每到汛期，洪水决堤给两岸人民带来灾难。中华人民共和国成立后，境域治理凤河、岔河，建埠头，修水闸，水患得到有效治理，水资源得到充分利用。田间渠道纵横，排灌畅通，设施配套，为实现稳产高产奠定可靠基础。

农田排灌。1956年，采育镇在采北大闸北侧，采南大桥南侧和下黎城村东建3座埠头，利用地上水灌溉农田。20世纪60—80年代，采育农田排灌设施主要有建在凤河的扬水站、拦洪蓄水大闸、田间的排灌渠道、闸涵、喷灌移动管道、防渗地下管道、田间50米一排一灌渠道、机井。2000—2016年，境域随着农村城市化推进和中心小城镇建设用地的需要，耕地面积减少，部分村民转居转工，农田排灌设施随农业生产方式的转换逐步减少。

供水。中华人民共和国成立以前，境域除一眼可供食用的水井外，其余全为含氟量高的苦水，许多村民因此牙齿发黄，且有疫病传染。20世纪50—60年代，采育人民政府关心村民饮水安全，打甜水井为村民提供优质水源。1964年，采育人民公社在水质较好的“三山井”打一眼83米的深水井，并安装水泵、管道，境域大部分居民自此吃上干净的自来水。1966年6月，采育人民公社压力罐式自来水装置试验成功，境域各生产大队先后用上自来水。

进入21世纪，采育镇加大水厂建设力度，至2016年年末，先后建起采育镇中心水

20世纪40年代的采育西大桥

凤河采育北大闸（2006年）

厂、大皮营水厂、东半壁店联合水厂3座供水厂，总供水面积29平方千米。

**电力设施** 20世纪50年代以前，采育境域村民照明用罩子灯、提灯、汽灯，其原料主要为煤油或汽油。1956年，采育乡农田水利开始用电。1958年，采育人民公社辛店、邵各庄、前后甫等生产大队率先实现家庭用电。此后各生产大队家庭陆续通电或用于企业米面加工。1963年3月，水利电力部副部长刘澜波到采育人民公社视察，在查看境域东口至东片各生产大队21千米高压线路段后，依据实际情况，批示解决高压杆400根，光铝线5吨。1977年，采育人民公社在境内东部1千米处建变电站一座；改造农田供电线路、整改地埋线15千米。1998年，大兴县供电局建35千伏电站，装机容量1.63万千伏安。完成永采35千伏线路改造换铁塔工程。

1999—2000年，采育镇完成一期、二期农网改造，使年供电量达到2000千瓦时以上，比1998年增加1倍。2004年，为适应采育中心小城镇的发展，迁改永采线线路铁塔10基。2005年，建施家务11万千瓦电站，装机容量达6万千伏安。2016年年末，境域有照明变压器18台/3595千伏安、农田水利变压器61台/3855千伏安、工业变压器12台/1535千伏安，高压线路35千米、低压照明线路38千米、工农业生产线路60千米，电井350眼，年用电量400千瓦时。

**邮政电信** 邮政。1947年，采育镇有邮政代办所。1949年，采育区（九区）建邮政所。1958年，人民公社成立后，邮政、电信合并，称采育邮电支局。1967年下半年，邮政、电信分设，建立采育邮政支局。20世纪80年代，日业务量以信件最多：日平均投递点224个、投递平信262件、挂号信28件、快件6件、报纸3745份、杂志40份。1994年1月，采育邮政支局办公楼在原址建成并投入使用。1999—2003年，邮政分局先后开办代发工资业务、代收话费和手机费业务、电子汇款业务。至2016年年末，邮政电报、信件等传统业务量减少，快递信件、保险信件和邮政储蓄等业务发展较快。

电信。1939年，采育地区有南采线、青凤线电话线路2条。1957年，采育乡首次建电话网络，乡政府和部分机关企事业单位安装了串铃电话。采育乡设有总机，总机容量为12门。到1960年，全公社共有交换机8台、240门，电话单机151部，中继线6对35千米，用户线路205千米。1976年，邮政电信分设，采育电信支局成立。1995年6月，采育电信支局办公楼建成并投入使用。正式开通电话交换系统，交换机2000门的容量，实占用户53户，月均业务量1.06万元。2005年，交换机增加到5836门容量，实占用户4849户；宽带设备容量288门，宽带实占用户185户，月均业务量25.36万元。

进入21世纪后，电信业务由多家企业经营。2016年年末，中国联通、中国网通、中国移动、歌华有线等均在采育有业务经营。

# 经济发展

**农业** 明洪武年间（1368—1398），采育设置蕃育署后，以饲养鹅、鸭、鸡等为主的养殖业规模较大，有“鹅鸭城”之称。明朝后期，随着社会发展和人口增长，仅靠畜牧业已经不能满足宫廷和民生的需要，垦荒种植业迅速发展，至清乾隆年间（1736—1795），采育基本完成以畜牧业为主向以种植业为主的过渡。采育镇地处平原，土质肥沃，适合农耕。尤其凤河沿岸水源充足，便于浇灌两岸农作物。历史上，粮食作物主要以小麦、大麦、小米等为主，生产力低下，粮食亩产不到50千克。经济作物种植主要是蔬菜、瓜果、棉花等，种植面积不大，产量较低。1949年10月中华人民共和国成立

玉米丰收（2016年）

辣椒丰收（2016 年）

后，域内通过土地改革，农民拥有土地，生产力获得解放。20 世纪 50 年代末，粮食亩产达到 600 多千克，皮棉亩产 160 余千克。20 世纪 60 年代，以集体养猪为主，采育人民公社建立大规模畜牧场，存栏猪近千头。每个生产队都有猪场。20 世纪 70 年代，粮食亩产 310 千克。1978 年中共十一届三中全会后，农村进行经济体制改革，土地实行家庭联产承包责任制，促进了生产力的发展，粮食产量逐年递增。1989 年，全乡夏粮突破 500 万千克，亩产 360.7 千克，居全县首位。1990 年，全镇粮食总产 1500 万千克。20 世纪 90 年代，采育经济作物种植加快发展形成规模，产生各类经济作物规模化种植专业村。饲养业全面发展，先后建立起 3 个乡级鸡场和 4 个村级猪场。各村相继出现养猪、养鸡、养鸭、养羊、养牛等专业大户。2006 年，形成以北山东营、大黑垡村的万亩葡萄产业带；广佛寺、再城营一线的菜花产业带；凤河营以西、104 国道沿线的林果产业带。2012 年，全镇粮食播种面积 44281 亩，总产量 1897.5 万千克；经济作物播种面积 11308 亩，其中，以葡萄为主的鲜果栽培面积 9386 亩，总产量 27886 吨。2016 年，随着北京采育经济开发区工业企业的增多，采育镇耕地面积减少，农业生产逐步萎缩。全镇粮食播种面积 9949 亩，总产量 4894 吨。其中，小麦播种面积 2243 亩，总产量 869 吨；玉米播种面积 7481 亩，总产量 3559 吨。经济作物播种面积 21326 亩，其中，种植面积较大、产量较高的是蔬菜和果类，播种面积分别为 14141 亩、5005 亩，总产量分别为 31035 吨、5945 吨。全镇养鸡 11.5 万只、养鸭 5.1 万只、出栏羊 10341 只、出栏猪 30018 头，产鸡蛋2404吨、牛奶11045吨、肉类2931吨。

**工业** 20世纪50年代后期，采育人民公社有农机修配厂、制酒厂、制香厂、砖厂、综合加工厂等十几户集体企业。1959年，工业总产值159万元，上缴利润24万元；1960年，全社工业总产值929万元，上缴利润98万元。生产大队办有粉房、豆腐房、油房、柳编、织席等小型加工作坊和农产品加工及打铁、黑白铁、地毯、纳鞋底、木器、小炉匠、石匠等手工业企业。

1961年，大公社划为小公社，采育辖区缩小，社办工业也大大减少，只有农机修配厂、综合加工厂等两三户企业。各生产大队有小型加工作坊，手工业、服务业、运输业等发展较快。1966年以后，社队工业发展缓慢，许多企业停办。

1984年，社队企业更名为乡镇企业。20世纪80年代中后期，乡镇企业迅速发展，已经形成较完整的乡镇工业企业体系。到1990年，已有镇办工业13户，职工936人；村办企业40户，职工1221人。其中，机械制造、机械加工和铸造等行业迅速发展且形成规模，主要产品有刀具、冲压件、金属制品、消防器材、电器设备、医疗器械、保健用品、建筑材料、造纸印刷、塑料制品、包装材料、化工产品、服装鞋帽、工艺美术、饮料等70多种。不少产品除在全国各地热销外，有些还出口国外。同年，镇办工业创产值2041.4万元，总收入862.6万元，总利润120.8万元；村办企业创产值2646.5万元，总收入1536.1万元，总利润300.1万元。全镇被评为北京市星火示范企业的有5户，大兴县一级企业的有3户，大兴县二级企业的有12户，计量定为大兴县三级企业的有8户。20世纪90年代后期，乡镇企业在市场经济作用下进行产权制度改革，转换为股份制或由个人经营的民营工业企业。

2000—2016年，采育镇工业发展迅速，利用科技园区优势和相关的优惠政策，加大招商引资力度，加快经济体制和经营方式的转变。2000年，全镇工业总产值17400万元，占工农业总产值的53.1%，开创采育镇有史以来工业总产值超过农业总产值的历史。2008年，注册资金100万元以上法人工业企业总产值12.7亿元。2014—2015年，注册资金1000万元以上法人工业企业总产值分别是52.2亿元和91.1亿元。2016年，采育镇注册的工业企业发展到250多家。其中，采育镇汽车配件厂、采育镇福利厂、采育镇水泥制品厂、采育镇服装厂、采育镇二砖厂、北山东营一村防腐漆厂、东二服装厂、北山东营服装厂、岳街耐火砖厂、西庄菱镁制品厂、东庄丝绸制品厂、北辛店电器厂等企业经营管理、经济效益位居前列。行业门类有机械制造与加工、金属制品、化工日化、仪表电器、建筑材料、造纸印刷、服装鞋帽加工、工艺美术、保健用品纸、包装材料等。主要产品有BJ–212制动鼓、CA–10解放贮气筒、石膏装饰板、变压器、环氧煤沥青防腐漆、菱镁混凝土制品等。全镇工业总产值达到149.2亿元，跃居为工业产值“百亿大镇”。

**商贸服务业** 明代，采育境域商贸交易遍及方圆百里，成为以农产品加工集散、商业服务为中心的商业型古镇。采育大集形成于明代，辛店集市形成于明万历年间（1573—1620）。清康乾时期，采育大集闻名京南。中华民国时期，采育已是工商业比较发达的城镇，其集市为本地区农副产品的集散中心，辐射方圆50～100千米。1937年前，采育古镇有大小店铺300多家。主要有当铺、杂货铺、药铺、布铺、饭店、旅店、大车店、盐店、茶房、首饰店、理发店、煤栈、棚铺、杠房、轿子房、车铺、钱庄等等，五行八作，样样俱全。其中，规模最大的为粮油加工业和酿酒业。镇上有碾坊和米面加工作坊四五十家，加工后的米面及食品，除本地销售外，还运往北京天桥米市；加工的香油、花生油，销往北京各油盐店。全镇5家烧锅每天酿造白酒2500多千克，运往北京磁器口等地的18家酒店，供市民饮用。采育大集以销售粮食为主，全年成交1亿多千克。日本侵略者侵占北京后，采育工商业由几百家减少到百余家，从业人口也随之下降。1939年，采育镇有工商业户128户；1946年，有工商户70余户。

中华人民共和国成立初期，集市贸易仍以粮食、花生等农产品为主。在《中共中央关于资本主义工商业改造问题的决议（草案）》的推动下，采育乡对境域160多家私有工商业主采取公私合营、组织合作商店（小组）、吸收资金入股和经销代销国营商品

百姓大润发购物广场（2016年）

等4种方式进行社会主义改造。1951年春，采育镇供销合作社（简称“供销社”）成立。供销社主要经营粮食、棉花和农副产品收购，农民生活用品销售，宗旨是“发展经济、保障供给”。随着社会生产的发展、人民生活水平的提高，供销社的规模不断壮大。1958年人民公社化以后，集市贸易关闭。1959年，采育供销社由原来的1个门市部发展到经营日用百货、副食、生产资料、医药4个门市部，还有农副产品收购站、收棉站、轧花厂、煤栈等单位，在镇外较大村庄还设有分销店。1970年7月，采育大集重新开放，每10天1集。1976年，采育供销社先后改建，新建1座2层百货商店，称第一商场；1986年又建1座2层副食商场，称第二商场。第一商场主要经营布匹、服装、鞋帽、五金交电、文具、玩具、钟表、眼镜、搪瓷和铝制品等；第二商场主要经营烟、酒、茶、糖、副食调料、糕点等，并设有医药门市部、家具门市部和照相部；另外还新建了商品批发站、药品批发站、汉民饭店、回民饭店、生产资料门市部、建材商店、信托商店、农副产品收购站、收棉站、化肥站、煤栈等，共计46个收售单位，职工390名。

20世纪80年代，随着农村经济体制改革的深入，个体工商业发展迅速。从设摊点炸油饼，开小卖部，经营副食、小百货等逐步发展到经营布匹、服装、鞋帽、针织品、小百货以及理发、照相、黑白铁加工、服装加工、电器修理等；有些还经营建材、化工等产品。到1990年年底，全镇27个行政村个体工商户发展到287家、从业人员381人。

采农惠民农贸市场（2016年）

凤河营集市（2016 年）

其中，商业 172 户、电器修理 54 户、餐饮 22 户、手工制作 18 户、住宿服务 12 户、服装加工 5 户、运输 3 户、房屋修缮 1 户。20 世纪 90 年代后期，随着改革开放政策的不断深入，采育镇供销社及其网点或关闭或转包个人经营。

进入 21 世纪，采育镇个体工商业蓬勃发展，在原有的副食商店、小百货、小卖部、家具、理发、布匹、黑白照相、服装、鞋帽、饭店、茶叶店、玻璃店、建材、五金油漆商店、冷饮批发、石膏板模具、汽车自行车摩托车修理、家电修理、钟表修理、电气焊加工、服装加工、绱鞋、饲料加工、农机汽车配件等店铺的基础上，先后增加土暖气安装修理、加油站、家用电器专卖店、浴池、成品半成品食品店、皮衣羽绒服定做与清洗店、超市、电信器材、电动三轮车电动自行车商店、摩托车商店、铝合金塑钢门窗加工安装、彩色照相、婚纱摄影、医药连锁店、肉食专卖店、副食烟酒批发等。2002 年，镇政府投资 150 万元在庙营村创办凤河营集市。2005 年，全镇注册各类商店总数为 280 个，年营业额超过亿元。主要集市有采育大集、辛店集、凤河营集市。至 2016 年，采育镇乡村工商从业人员 18186 人。其中，批发零售、住宿餐饮、仓储等服务企业 1896 个，从业人员 8486 人，总零售额 64465.8 万元，同比增速 41.75%。全镇集体服务业 14 个，总资产 277.69 万元，营业收入 197.71 万元。

**旅游业**

休闲娱乐景区　采育大槐树葡萄采摘园：位于大兴区采育镇大黑垡村北，占地面积

60 亩，是集采摘、垂钓、餐饮、休闲娱乐等功能于一体的休闲采摘观光园。园区以追求健康绿色为宗旨，施农家肥，打有机农药，不沾花、不催熟，被北京市食用林产品质量安全监督管理事务中心认定为无公害产品。

趣玩儿乐园：位于采育镇阳光波尔多南区南侧，是中国首家体育拓展主题儿童乐园。该园紧邻采林路，交通便利。趣味儿乐园由水上乐园、洞穴探秘、蜂巢探险、七彩传音筒等十余项儿童娱乐项目区组成，旨在建设满足儿童娱乐游玩的集中场所，丰富青少年的童年生活，并能强健少儿体魄。

趣玩儿乐园水上游乐场（2016 年）

北京凤采军辉农产品合作社：位于大兴区采育镇庙洼营村温泉街 33 号，占地面积 412.35 亩，兼有日光温室大棚、钢架大棚、智能温室大棚共计 183 栋，依托新技术，打造高品质蔬菜、新品种特菜和草莓育苗及生产基地，已取得无公害产品及产地认证，基地全年蔬菜供应量可达 200 万千克以上，同时可接待旅游采摘。

山西营杏林文化园：位于大兴采育镇山西营村，园内土壤环境蕴含丰富的微量元素，使大白杏的口感极好、香甜可口、脆皮多汁，在甜度和口感上都属上品之列，在当地远近闻名；园区内有 200 多年的老梨树，还有 50 亩无公害蔬菜大棚。

**其他景区** 地热温泉：位于采育镇庙洼营村北，即凤河营温泉浴池。1977 年发现并进行保护性建设。温泉井深 1788 米，日流水 150 吨，井口水温 49.5℃，井底水温达 50℃ ~ 55℃，属正常地热增温热水。水中所含偏硅、矿化度、锂、锶、氟等均达到矿泉标准。特别是溶解性物质总量，达到日本疗养泉和德国治疗用矿泉水矿物质的极限值。该地热水还含有对人体有益的铝、碘、锰、铜、硼酸等微量元素，水质优良，水量、水温稳定，已达到医疗矿用水标准。1979 年，凤河营公社利用这眼自流热水井，创建一处凤河营温泉浴池。至 2016 年，温泉日流水量达百吨以上，水温稳定，是极好的休闲疗养场所。

京城马汇（北京）国际马术俱乐部：位于采育镇采廊路 99 号、京沪高速路采育镇出口南，占地 300 亩，2009 年创立。该俱乐部先后与国家体育总局自行车击剑管理中心携手组建中国青年马术队，与中国金融体育协会携手组建中国金融体育协会马术队。俱乐部也是中国马术队训练基地，拥有一处符合国际星级标准的马术三项赛场和符合国际赛事标准的两处室外马术场地和两处室内场地。

马术表演赛（2011 年）

# 社会事业

## 教育

中华人民共和国成立前，采育镇除少数富裕户通过私塾念书拥有一定文化知识外，大多数民众苦于生计无缘读书识字，文化程度普遍低下。中华人民共和国成立后，人民政府重视提高民众文化素养，通过增办学校等多种教育形式，村民文化程度逐年提高。1964 年第二次人口普查，采育公社有 25773 人。其中，初中 1512 人、高中 210 人，大专以上文化程度的 23 人。2010 年第四次人口普查时，采育镇村民文化程度大幅度提高。全镇 3.4 万人，初中 15578 人、高中 6690 人、大学文化程度 3410 人，其中，研究生 30 人。

**学前教育** 中华人民共和国成立后，人民政府重视学前教育，成效显著。1958 年，采育人民公社在西营二村建托儿所 1 所。1982 年，采育人民公社始建中心幼儿园。1990 年，采育乡有机关、单位幼儿园 3 所，村办幼儿园 12 所。20 世纪 90 年代后期，学龄前儿童逐渐减少，学校集中办起中心幼儿园。2016 年年末，采育镇有 3 所镇属幼儿园，幼

采育镇第一中心幼儿园（2016 年）

儿教师 62 人。其中，采育镇第一中心幼儿园和采育镇第二中心幼儿园均为北京市一级二类幼儿园。

**小学教育**　清光绪三十二年（1906）至 1919 年，大兴县公立两等小学堂在采育设立。1939 年，公立两等小学堂改名为采育镇区立小学，镇域 53 个村庄有公立小学 15 所，入学人数 349 人。1947 年，采育镇区立小学改名为采育镇中心国民学校（今采育镇第一中心小学），下设 3 所初级小学，即北营村小学、东营村小学和南山东营村小学。中华人民共和国成立后，人民政府重视农村教育。1949—1956 年，境域小学教育逐步普及，达到村村有小学。20 世纪 80—90 年代，镇域有 1 所中心小学，1 所完全小学，8 所村小学。2016 年年末，采育镇有 3 所中心小学，教师 140 名。采育镇第一中心小学下辖分校及辛店完全小学；采育镇第二中心小学下辖完全小学及大兴区小学大皮营劳动教育基地；第三中心小学下辖张各庄完全小学及东半壁店村小学。

采育镇第一中心小学（2012 年）

采育中学（2016 年）

**中学教育**　20 世纪 50 年代，采育镇有采育中学、辛店中学、凤河营中学。1969 年，大皮营中学成立。2005 年，大皮营中学、辛店中学合并到采育中学。2016 年年末，采育中学占地面积 3.7 万多平方米。有学生 454 名，教职工 124 名。

**职业教育**　随着经济的发展和技能型人才的紧缺，20 世纪 70 年代起，采育开始出现对口培养的私立职业学校。1973 年，采育第一所公立全日制学校——北京市汽车工业高级技工学校（后改名“北京汽车技师学院”）创办，1997 年成为市级重点技工学校。1999 年和 2002 年分别被劳动和社会保障部批准为国家级重点技工学校和高级技工学校。学校建有汽车技术培训中心、模具技术实训中心及综合楼、教学楼等。

2009 年 2 月 23 日，新校园开工建设，占地 30 万平方米，建筑面积 16 万平方米，总投资 4.6 亿元。学校建成后招生规模 6000 人，短期培训 4000 人，共设 28 个专业，教职员工达 400 人。学校设有现代化的实训工厂，集电子、气动、液压、数控和可编程等

北京汽车技师学院（2016 年）

于一体的专业教室，具有国际领先职业技术教育水准。先进的数控加工中心和各类先进的机械加工设备，为学生的技能培训提供了优越的条件。

**成人教育**　中华人民共和国成立以来，采育境域成人教育机构主要为夜校（冬校）、成人教育学校。20世纪50年代，各村相继开展扫盲活动。1950年冬，各村先后建立民校、夜校（冬校），开展识字教学。20世纪70年代后期，夜校停办。1988年，采育镇成人学校成立。1989年，大皮营乡成人学校成立。1989—2000年，采育镇成人学校完成北京市下达的“三大培训工程”（乡镇企业职工培训、农民“绿色证书”培训和中高层次紧缺人才培训）任务。2002—2016年，以采育镇成人学校为基地，举办电工、电气焊、烧锅炉、理发等各种专业技术培训班。

### 文化

**文化设施**　明清时期，采育古镇西门、南辛店村分别建有戏楼。其中，位于西门的戏楼最高，规模较大，站在戏楼上可看到古镇全景。古镇东门外药王庙、北门路东关帝庙、西门外灶君庙及下黎城营村等地均搭建有戏台，现已无存。

20世纪60年代，境域各村均连通大兴县农村有线广播。1968年，采育镇人民公社始有电影放映室。1970年，采育人民公社始建文化站。1980年，文化站拥有图书7000余册，鼓号、民族乐器、小型文体活动器材等30余种。1984年，采育乡在新十字街东北角建一座影剧院，占地面积6510平方米、建筑面积2152平方米。内设110平方米舞台，有1185个座位，有16毫米放映机2台，发电机1台。20世纪90年代，采育镇组建文体活动中心，各村设文化活动室。进入21世纪，采育镇文化服务中心成立，负

下黎城村委会文化大院落成揭牌仪式（2015年）

采育镇宣传文体中心（2008 年）

书画活动（2008 年）

责镇文化宣传等工作。2001 年，采育镇政府投资 50 万元改造影剧院，增置设备、完善功能。2002 年，完成 20256.66 平方米文化体育活动中心建设，其中，文化活动广场用地 4188.4 平方米。2003 年，镇政府投资 500 万元，在镇中心兴建占地约 66666.7 平方米、集文化娱乐、健身、休闲于一体的主题文化广场。该广场内建有旱喷泉、人工湖、古亭、小桥、健身器材等设施。2015—2016 年，镇区回迁社区文化活动中心投入使用；完成北京三十五中国际部、文体中心、儿童游乐公园建设项目。2006 年，镇政府投资 45.4 万元，采用书法、绘画、素描、粘贴画等艺术手法，在 33 个村共完成装饰文化墙 7636 平方米。其中，彩色喷墨 6200 平方米、人工墙体绘画 1436 平方米。沙窝营村投资 55 万元，建起全镇第一个建筑面积 300 平方米的数字影院。2016 年年底，全镇建成 40

个文化大院，全部达到“五有”标准，即：有场地（棋牌室、乒乓球或羽毛球场、卡拉OK厅、健身器材等），有一支骨干队伍（秧歌队、梨园会、创作表演队等），有一套活动记录和管理制度，有专职人员负责，有定期或不定期的活动。

**文化活动** 中华人民共和国成立前，采育村民大多忙于生计，平时很少组织演出活动，只有在春节或庙会期间才有机会一起自娱自乐。

中华人民共和国成立初期，村民可以观看到区文化部门在各村的巡回演出，如《白毛女》《小二黑结婚》《刘巧儿》等歌剧、电影。20 世纪 60—70 年代，为配合不同时期的政治宣传，各生产大队宣传队利用业余时间编排文艺节目，逢重大活动到田间地头或乡、村舞台演出。平时，各生产大队喇叭播放一些革命歌曲和现代京剧样板戏。20 世纪 80—90 年代，采育乡（镇）文化站组织开展各种知识竞赛、演讲比赛、歌咏活动、服装表演等活动。

2000—2016 年，全镇文化活动丰富多彩，其中，每年农历正月十五元宵节和公历 8 月 18 日北京大兴采育葡萄文化节开幕式是采育最热闹的两个节日。镇调集全镇 20 多支文艺骨干队伍参加会演，中幡大鼓、小车会、秧歌队、腰鼓队、跑跷等，或威武雄姿，或妖娆优美，锣鼓喧天，欢声雷动，气氛热烈。2002 年，镇文化创作活动落到实处，以《建设新采育·富裕采育人》主题，先后编辑出版 4 本书，分发各村阅读。2004 年，镇组织力量编印《五彩之域》。2005 年编印《党旗在召唤》。2006 年编印《春之诱

采育花会表演（2008 年）

惑，魅力采育——文艺作品征集汇编》，达每户一册，群众创作，群众阅读，乡土气息浓重，真实感人，深受群众欢迎。2016年，结合主题教育，镇每年都要组织文艺会演，为农民搭起展示才艺的平台，让农民歌颂太平盛世，抒发爱党爱家乡的情怀。举办《放飞希望》农民歌手演唱会,《和谐盛世・春满农家》农村文化阵地建设展示活动,《赞盛世・迎新春》花会调演,《农村大舞台》文化大院节目调演等。

## 卫生

**医疗机构** 个体诊所、药店。中华人民共和国成立前，境域有刘宝泉诊所，主做外科手术。徐焕章诊所开设在采育十字街南路西，主营看病、打针、卖西药，接生等。北辛店村王镜如诊所，经营西药，并出诊行医。另外，大黑堡的陈玉和、孙树棠利用药铺，也开方看病。除药店、诊所外，还有少数有一技之长的人为村民免费针灸、正骨、拔罐、挑羊毛，用油治烫伤，给小儿扎疾，配制丸药专治妇女不育症等。中华人民共和国成立后，党和政府在大力发展乡村医疗队伍的同时，鼓励开办个人诊所。1956年农业合作化时期，组织当地医生和私人药店，建立联合诊所。1980年，采育村南营村张志宏在新十字街南路西开设药店兼诊所，另有南营村原采育中心卫生院退休医生胡兴甫、北辛店村王镜如都在家里开设诊所。20世纪90年代，农村私营药店及个体诊所不断发展，极大方便了各村民众就医。进入21世纪，采育镇个体诊所、药店随处可见。

**医务室** 20世纪50年代，采育中学配有医务室，并有专职校医。主要为本校师生服务，外单位职工和当地农民也有就医者。20世纪60—70年代，境域各生产大队相继建起医务室，培养1～2名赤脚医生，边从事农业劳动，边为农民看病。80年代后，由于农村经济体制改革，各村的医务室大部分转制或由个人经营。90年代，境域各村、小区相继有医务室、医疗诊所，方便附近村民看病。进入21世纪，大部分医务室、诊所整改为社区医疗服务站。

**卫生院** 20世纪50年代，采育镇有采育卫生院、凤河营卫生院。1976年，成立大皮营卫生院。2004年，凤河营卫生院和大皮营卫生院并入采育中心卫生院。采育中心卫生院位于采育镇采育大街24号，占地面积1万平方米，为一所集医疗、预防、保健为一体的综合性公立医院。该院始建于1956年，原为采育卫生院。1996年，该院被评为北京市一级甲等综合性医院，成为采育镇基本医疗保险、农村合作医疗、公费医疗定点的医疗机构，承担着采育地区的基本医疗、防病保健、计划生育等多项功能。1999年，镇政府投资300余万元再次重建，完成采育中心卫生院的整体改造工程。主体工程为4

层楼，建筑面积 3500 平方米。进入 21 世纪，该院完成 11 个社区卫生服务站、120 急救站的建设，形成急救网络；完成中国疾控中心大兴采育工作站、妇幼保健站和卫生监督站三站建设。采育中心卫生院下设大皮营、凤河营 2 个综合门诊部和 11 个社区卫生服务站；院内设有职能科室、综合办公室、财务科、社区科。临床科室有内科、外科、妇产科、急诊科、麻醉科、中医科、五官科、皮肤科、肛肠科等和 120 急救站；医技科室有化验室、B 超室、心电图和放射科等；医院特聘请内、外、妇、中医、儿科等 10 名专家来院坐诊。2016 年，该院有职工 160 人，其中，专业技术人员 127 名。

**社区医疗服务站** 进入 21 世纪，随着境域各村医务室的取消，医疗服务向社区转移。2000 年，乡先后建起 11 个社区医疗服务站。

**医疗制度** 城镇公费医疗。1952 年，采育镇对全民所有制干部职工实行公费医疗。门诊范围为大兴县所有公立医院，1983 年后，限为户口所在地乡镇卫生院。公费医疗实行全额记账，每人每月 5 元标准，超支部分由乡财政报销，住院医疗实报实销。1988 年，每人每月医疗费指标 6 元，全额由卫生院记账，年终结算。超额部分由单位负担 40%，其余 60% 由卫生院负担；结余部分卫生院留 80%，给单位 20%。住院医疗报销 95%，个人负担 5%，离休人员住院费全额报销。1988 年 9 月始，医疗费指标每人每月 6 元，看病时药费由卫生院记账 60%，其余 40% 凭票回单位报销。由卫生院记账的 60% 如果超支，由卫生院负担 50%，财政补助 50%；若结余，50% 留下年继续使用，另外 50% 作为管理公费医疗人员的奖励，其中 60% 返回单位，40% 归卫生院和财政所。住院医疗，由财政报 95%，个人负担 5%，离休人员住院全额报销。

农村合作医疗。1969 年，镇域各村实行合作医疗。合作医疗系队办社管，人民公社成立合作医疗管理委员会，各生产大队成立合作医疗管理小组，负责对合作医疗的领导和管理。用于医药费的基金由参加合作医疗的个人和集体筹集，一般初办时每人每年为 3 ~ 5 元，其中，个人和生产队负担一部分，生产大队负担一部分。20 世纪 80 年代中期，随着农村承包责任制的推行，乡村公共积累下降，加之管理不得力等多种原因，合作医疗停办。

2002 年，按照国务院颁布的《关于进一步加强农村卫生工作的决定》，采育镇逐步建立起以大病统筹为主的新型农村合作医疗制度（简称“新农合”）。“新农合”由政府组织、引导、支持，农民自愿参加，个人、集体和政府多方筹资。2003 年，市、区、乡三级财政分别资助 10 元、28 元、20 元，村级出资 70 元。村民以家庭为单位参加，每个家庭成员交费80元。2004年，镇农村合作医疗结算中心为农民报销医药费21万元。农村合作医疗专项资金在享受周期结束后，经审核结算如有结余，80%结转下年；20%为参保户的家庭成员（以户为单位，家庭成员全年均未报销住院费而门诊药费个人报销又不足15元的）免费健康体检，并建立健康档案。对于参加合作医疗的农民进行健康管理，即60岁以上人员每年安排一次体检，60岁以下人员每两年安排1次体检。2006年，全镇参加“新农合”人数18805人，参加“新农合”率71.8%。基本医疗补偿费用438.96万元。2007年，采育镇落实区新型农村合作医疗调整政策。全镇参加“新农合”人数20183人，参加“新农合”率78.3%。是年，北京市正式启动城镇居民参加基本医疗保险试点工作，逐步将城镇无保障老人和在校学生及学龄前婴幼儿纳入基本医疗保险体系，即“一老一小”保险。全镇“一老一小”参保149人，其中，老年人100人，婴幼儿49人。2008年，对镇学生、儿童补偿政策进行调整。针对城镇居民的“一老一小”大病医疗保险，参保老年人119人、婴幼儿78人；无业城镇居民医疗保险参保26人，其中，低保户14人、重残1人。2009年，镇域各村参合人数增加至23325人，参合率93.3%。基本医疗补偿费用850.03万元。

2013年，北京“一老一小”保险的住院报销比例提高至70%，最高支付限额提高至17万元，实现“双升”，而个人缴费水平不变，采育“一小”参保236人，“一老”参保7人。全镇参加“新农合”人数增至22792人，参加“新农合”率达到99.9%。基本医疗补偿1010.48万元，大病补偿83人、539401.9元。

2016年，采育镇扩大住院直报医疗机构范围，参加“新农合”农民在区内任意一家定点医疗机构住院就医可以进行住院直报。全年参加“新农合”人数和参加“新农合”率保持上年情况未变。基本医疗补偿905.69万元，大病补偿92人、697309.3元。

**体育**

**学校体育** 采育地区中、小学的体育活动比较正规。中学和完全小学均有专职体育教师，坚持上体育课、课间操和眼保健操。体育课有教学计划和授课计划，对每项活动有具体要求，曾实行过劳卫制。20世纪50—70年代，幼儿体育活动比较薄弱，多数幼儿园只能组织幼儿搞一些集体游戏或个人跳绳、踢毽等。中、小学秧歌、腰鼓、集体舞等传统体育活动很活跃。20世纪80年代后，学校体育发展较快。体育项目增多，运动水平提高。中、小学球类活动开展得比较活跃，篮球、排球、足球、羽毛球、乒乓球基本普及。采育中学和采育第一中心小学各有一个课外航模小组，并多次在北京市航模比赛中获奖。采育中学、采育中心小学和大皮营中心小学，由于学校体育活动开展得好，被市、县命名为“体育运动传统校”。

**社会体育** 中华人民共和国成立前，采育民间体育活动主要在青少年中开展。活动项目有放风筝、踢毽子、抖空竹、跳绳、跳方格、抽陀螺、打尜等。还有夏季游泳、冬季滑冰和自制简易棋类。在老年人中，象棋是主要活动项目。有花会的村，中青年参加花会活动，如少林会、杈子会等武术性的活动。

中华人民共和国成立后，民间体育活动除上述内容外，球类运动在青年农民中有所发展。有的镇办工厂和农村团支部经常组织青年开展篮球、乒乓球和羽毛球活动，并开展厂与厂、村与村之间友谊比赛。改革开放以后，又引进了台球。镇篮球队、乒乓球队参加过县级的选拔赛，均获第二名。撤乡建镇后，镇政府每年春季都举办农民运动会，设十几个田径项目，每届都有千余名运动员参加角逐。最受观众和运动员欢迎的当属男、女组拔河比赛。

进入 21 世纪，农民生活水平提高，体育锻炼成为大多数村民的自觉活动。特别是一些老年人，很注意饮食起居和身体保健。

采育镇农民运动会拔河比赛（2007 年）

采育小城镇居民住宅（2016年）

# 中国葡萄之乡

采育镇地处永定河冲积平原下缘，水丰土沃，光照充足，气候温润，昼夜温差大，自然条件与世界著名的葡萄之乡——法国波尔多极为相似。依托这一得天独厚的自然环境，自明清时期开始，采育人就已在庭院中搭棚设架，种植葡萄。20世纪60年代初，逐步引入新品种，开始大面积种植。到90年代，品种和规模已在国内占有一定位置。随着万亩葡萄基地产业化工程的开启和北京大兴采育葡萄文化节的举办，中外游客纷至沓来，“甜美产业”愈加繁盛。“万亩葡萄园”被北京市政府认定为“北京市葡萄标准化生产基地”；采育镇成为远近闻名的“中国葡萄之乡”“北京吐鲁番”。

# 葡萄种植

**自然条件** 采育地区位于北纬 39° 50'、东经 116° 43'，属暖温带半湿润气候，四季分明；全年平均日照总时数为 2772.2 小时，太阳年辐射量为 134.9 千卡 / 平方厘米；1 月最冷，7 月最热，年平均气温 11.8℃；1960—2016 年，平均降水量 600 毫米，年均气压 1010 百帕以上。

采育地势平坦，表层土壤属于永定河冲积平原下缘，是永定河由西向东的冲积层。耕层土壤以中壤为主，土壤容重 1.28 克 / 立方厘米左右，孔隙度 55% 左右，保水保肥性能好，有利于微生物活动。耕层土壤有机含量 1.2%，全氮 0.09%，碱解氮百万分之 68.1，全磷 0.1% ~ 0.35%，速效磷百万分之 17.8，速效钾百万分之 121.9，氮磷比 9 : 1，酸碱度为 7.2，1 米内土壤平均田间持量为 26.73%。砂性两合土为 24.45%，黏性两合土为 26.58%，重壤质—黏质土为 29.12%。

采育地区的水、土、气候等自然条件与世界著名的葡萄之乡——法国波尔多相似，适宜葡萄生长。采育葡萄品质好，含糖量高，果形匀称，口感好，是京郊主要的葡萄产区，并有上百年的种植历史。特别是百年百亩玫瑰香葡萄采摘园，其葡萄果粒匀称，甘甜不腻。

**种植规模** 采育地区的葡萄种植史可追溯到明清时期，但多为庭院棚架葡萄。20 世纪 60 年代初，采育从团河农场引进玫瑰香、黑大粒、无籽露等优良品种，潘铁营、沙窝营、西营一村、南山东营一村、大同营、韩营、山西营等，先后大面积发展葡萄种植。20 世纪 60—70 年代，潘铁营、沙窝营的优质玫瑰香葡萄专送北京果品公司冷库，供国家宴请中外贵宾食用。

1962 年，采育籍大兴团河农场职工郭鸣九为帮助家乡致富，把玫瑰香、黑大粒、无籽露等优良葡萄品种引入潘铁营生产大队种植。此后，采育镇葡萄种植逐年发展，并形成规模。20 世纪 70 年代，潘铁营、沙窝营生产大队的优质玫瑰香葡萄被选送供党和国家宴请外宾。

改革开放以后，特别是 20 世纪 90 年代后期，市场对酒葡萄和食用葡萄需求量加大，再加之农业种植结构改革，采育镇政府大力扶持，共同推动了采育地区葡萄的跨越式发展。到 20 世纪末，采育全镇的葡萄种植面积将近 2 万亩。有玫瑰香、夏黑、香妃、碧香无核、巨峰、金手指等 30 余个葡萄品种，年产量 1.5 万吨。

1997 年 4 月，采育镇总投资 1200 万元，启动万亩葡萄工程。该工程被列为北京市 20 个重点项目之一。是年，投资 150 万元，建成集选种、育苗、管理、保鲜、储运等为一体的葡萄生产技术推广中心，为葡萄产业发展进行技术指导。1998 年，采育乡葡萄种植面积近 2 万亩，年产葡萄 1500 万千克，占据北京葡萄市场的 1/3。1999 年，采育葡萄种植实行规范化管理，全部使用无公害、无残留的生物、半生物农药和有机肥，并推广和使用葡萄套袋技术、铺设反光膜增加光照技术、微灌和生物防治等 30 多项生产新

采育葡萄种植基地（2016 年）

技术。2003年，葡萄种植面积近2万亩，设施葡萄达3000亩。并投资600万元，兴建占地10万平方米的大型葡萄储藏交易市场，保鲜能力达300吨。

2016年，全镇葡萄种植面积2万亩，拥有各类品种葡萄园百余个，规模葡萄园区40个。

**主要品种** 采育种植葡萄的历史可追溯到明清时期，那时品种单一。20世纪60年代，引进玫瑰香、黑大粒等葡萄新品种。到2016年年末，采育镇种植的葡萄品种超过300种。其中，种植面积大、产量高、品质好的品种有玫瑰香、夏黑、巨玫瑰、碧香无核、巨峰、金手指。玫瑰香种植规模达到400亩。潘铁营村百年百亩玫瑰香葡萄采摘园为北京面积最大的葡萄园地。园中一棵“百年玫瑰香”树为采育最古老的葡萄树，其所结的葡萄粒大、味美、多汁、玫瑰香味厚重，被大兴区相关部门授予“百年玫瑰香”称号。采育种植的夏黑、碧香无核葡萄获第四届、第六届中国优质葡萄擂台赛金奖；金手指葡萄获第六届中国优质葡萄擂台赛金奖。

## 百园万亩工程

“百园万亩工程”是以万亩葡萄采摘区为核心，以采廊路和韩凤路设施农业带为两翼，以104国道沿线旅游观光带为辅助的纵横旅游网络体系，将镇域内各个旅游观光采摘园进行区域性的资源整合，构建一个重点突出而又主次分明的旅游空间布局，百园百味，精彩纷呈。

采育除丰富的葡萄旅游资源外，还有大白杏、极品梨、大桃、花卉、各类特色蔬菜及休闲度假园等都市农业资源。共推出5条精品旅游线路，涉及36个村庄、大小园区109个，面积13589亩。

### 采华路精品工程

*采育科育新品种示范推广园* 2005年建园，相继投资200万元，种植面积200亩，

园内引进国内外优良品种50多个，园区承担本地区葡萄新品种研发和育苗，并对食用葡萄和酒葡萄进行深加工，园内设有葡萄酒堡和酿酒车间。

**采育科育葡萄品种种植园**　1998年建园，累计投资3000余万元，种植面积300亩，品种达100多个；园内设有延时采摘大棚2栋共40亩，棚内主要种植黑提、红提，采摘期为10月至11月初。

**东庄“桃王99”精品采摘园**　种植面积60余亩，园中所产的“桃王99”单果重500～1250克，无论从外形、口感，还是色泽，都可谓是桃中精品。“桃王99”属超晚熟采摘果品，每年9月中旬至10月中旬上市或采摘。

**佐佳葡萄酒庄园**　占地面积120亩，以绿色田园、万亩葡萄为环境背景，以养生为主题，利用葡萄文化优势，开发中高档休闲度假场所。设有地下室橡木桶陈酿酒窖1199平方米、自酿酒手工坊299平方米、国际红酒展示品尝厅199平方米、休闲垂钓园10999平方米水面，生态养殖浅水鱼。设有葡萄长廊100米、现代化葡萄酒生产车间1299平方米、珍稀花卉树木观赏99种、葡萄酒餐饮区1999平方米、别墅299平方米，帐篷99顶。涉及农业观光旅游、葡萄与葡萄酒文化展示、酒窖参观，延伸到葡萄酒陈酿、自酿酒服务、葡萄酒餐饮、会议接待、旅游客房住宿、休闲垂钓等方面。

**采育镇精品冬枣采摘园**　冬枣是一种晚熟鲜食枣品种，果皮赤红光亮，皮薄肉脆，甘甜多汁，营养丰富。该园种植面积80亩，最佳采摘期为每年10月上旬至12月初。

**北山东村精品葡萄采摘园**　园区面积500亩，主要有巨峰、玫瑰香、无核白鸡心和红瑞宝等优质葡萄。8—10月为最佳采摘期，游客还可以领养葡萄树、体验农活、学习葡萄管理知识。

**周神路精品工程**

宁家湾精品葡萄采摘园—北营精品葡萄采摘园—红蜻蜓养殖观光园—建国养殖生态园—西营二村精品巨峰葡萄采摘园—西营四村精品巨峰葡萄采摘园—金沙葡萄庄园—东营二村精品巨峰葡萄采摘园—东营一村精品葡萄采摘园—采育金叶种植园—采育光俊精品葡萄采摘园—采育建华精品葡萄采摘园—北京玛莱特红酒庄园。

**北营精品葡萄采摘园**　该园共分大小6个园区，总面积580余亩，主要有巨峰、玫瑰香、京亚、藤稔、京秀、红提等优良品种30余种。园区位于采育万亩葡萄基地西端，北临长子营镇留民营生态农场，南接采育老镇区，东靠金沙葡萄庄园。葡萄品质好、含糖量高、果形匀称，最佳采摘期为7月中旬至8月中旬。

葡萄长廊（2018 年）

**金沙葡萄庄园** 占地面积 80 亩，是一个以葡萄文化为主题，以乡村田园生态为背景，集观光、采摘、餐饮、住宿、娱乐于一体的休闲庄园。庄园有欧式的水上餐厅，可承接大型婚宴，举办水上婚礼，提供婚房，免费提供婚纱摄影外景地。

**采育金叶种植园** 面积 50 亩，主要以葡萄种植为主，有维多利亚、奥古斯特、白鸡心和红提等优良品种；以柴鸡养殖、其他果品（梨、桃、雪兰果）及蔬菜种植为辅。可以领养葡萄树，体验农活，学习农业知识。

**采育建华精品葡萄采摘园** 葡萄种植面积 100 亩，主要有巨峰、马特、红瑞宝、白鸡心、罗莎、奥古斯特、红提、青提、红宝石、无核大粒红、玫瑰香等品种。另有花生、毛豆等采摘项目，采摘期为 7 月中旬至 10 月中旬。同时，兼营民俗旅游，游客吃农家饭、住农家院，体验乡土风情。

**韩凤路精品工程**

韩营精品葡萄采摘园—铜佛寺大桃采摘园—广佛寺绿色菜花观光采摘园—山西营日光温室特菜观光采摘园—山西营大白杏观光采摘园—包头营锦绣观光采摘园—皮二樱桃采摘园—京南采育旅游观光精品采摘园—北京万紫千红草莓精品采摘园—利市营日光温室特菜观光园—采育镇潞州采摘园—采育镇延寿精品梨园。

**韩营精品采摘园** 果园种植面积 350 亩，以杏、桃、葡萄等果品为主，尤以桃为特色，果大汁多，香甜可口。周边自然环境优美，田园风情浓郁。采摘期为 6 月中旬至 8 月。

**广佛寺绿色菜花观光采摘园** 广佛寺是菜花专业村，90% 的土地种菜花，品种主要有雪山、雪宝、京雪 88 等，已通过中国绿色食品发展中心绿色食品认证，被确定为无污染、无公害、营养丰富的绿色食品。绿色菜花的最佳采摘期为 5 月中旬至 6 月底。

**山西营日光温室特菜观光采摘园** 建有温室大棚 75 个，蔬菜种植面积 150 亩，品种包括西红柿、黄瓜、豆角、香芹、平菇、菜花等，最佳采摘期为5—11月。

**山西营大白杏观光采摘园** 大白杏种植面积600亩，以果实大、色泽美、果肉香甜而著称。每年6月中旬至7月上旬为最佳采摘期。

**包头营锦绣观光采摘园** 园区占地280亩，种植大白杏190亩，李子90亩。大白杏和李子均采用无公害种植管理技术，符合绿色食品的要求。每年5月底至6月中旬为最佳采摘期。

**京南采育观光旅游精品采摘园** 周边辐射果园种植面积2000余亩，园区内基础设施、配套设施和接待设施比较完善，种植果品主要有桃、杏、李子等，每年6—7月为最佳采摘期。

**北京万紫千红草莓精品采摘园** 草莓为温室大棚种植，共有8个草莓采摘大棚。品种齐全，色泽鲜美，口味香甜。从元旦开始至5月均可采摘。

**利市营日光温室特菜观光园** 蔬菜种植面积150亩，有钢结构大棚20栋，土筑大棚88栋。有西红柿、黄瓜、甜椒、西葫芦、茄子、油菜、芹菜等10多种蔬菜，且多为新优品种，属无污染、无公害的绿色食品，具有反季节采摘的特点，春、夏、秋、冬四季均可采摘。

**采育镇延寿精品梨园** 果树种植面积220亩，主要果品有梨、冬枣、杏梅、杏、桃等，其中，梨最具特色。不仅有市场畅销的沙梨系列：黄金梨、圆黄梨、绿宝石梨，还有紧俏的欧美品种红色西洋梨。另有强化营养保健果品富硒梨、富硒冬枣，更是难得的果中珍品。每年3月上旬至10月中旬均可采摘。

**采廊路精品工程**

北京名仕庄园—倪家精品枣园—采育镇长山采摘园—采育镇大里庄无核葡萄采摘园—京南采育世纪阳光观光采摘园—沙窝店精品水果园。

**北京名仕庄园** 名仕庄园隶属北京名仕犬业有限公司，是京城首家豪华宠物度假村。庄园占地面积300亩，建筑面积2万平方米，一期投资400万美元。集犬科研、繁育、训练、寄养、医疗、美容、竞技和宠物销售于一体，拥有国内最先进的宠物服务配套设施，是国内较大的宠物服务基地。设有国际先进的犬寄养度假中心，大型室内训练场和游乐场，国际标准赛犬、赛马场和高尔夫球场等设施。通过马术俱乐部和犬俱乐部开展马术表演、马竞技、马拍卖、马友聚会、亲子训练营和节日度假等项目，规模可达1000余人。园内有高档宾馆和农家院，提供西餐和农家饭。

**采育镇长山采摘园** 园区面积 50 亩，种植果品主要有桃、梨、杏、李子等。园区位于北京采育经济开发区东侧，紧邻京津塘高速路采育出口，交通便利。每年 6—9 月均可采摘。

**采育镇大里庄无核葡萄采摘园** 采摘园种植面积 179 亩，其中，大棚 35 栋，占地 80 亩。采摘品种有夏黑、金手指、未可等，6 月底至 11 月初均可采摘。园内有农家院食宿，可体验乡土风情。

**京南采育世纪阳光观光采摘园** 位于采育镇张各庄村，园区面积 400 余亩。其中，果树种植 230 亩，有梨、杏、桃、李子等；园内种植的蔬菜有黄瓜、西红柿、西兰花、芥蓝等十几种可供采摘；观光养殖区有猪、鸡、狐狸、貉子等可供观赏；另有鱼池可供垂钓。

### 104 国道精品工程

西营一村精品果园采摘园—岳街精品葡萄采摘园—北京大兴采育菊花科普观光园—碧丹园—山一村精品葡萄采摘园—沙窝营精品梨园—百年百亩玫瑰香葡萄采摘园—杨堤精品葡萄采摘园—凤河营“桃王 99”精品采摘园—凤河营精品梨采摘园—凤河营蔬菜采摘园。

**西营一村精品采摘园** 共分为 4 个园区，种植面积 560 余亩，主要有巨峰、玫瑰香、京亚、藤稔、京秀、红提等优质葡萄 20 多种。还有桃、杏等多种果品。园区位于 104 国道边，交通便利。最佳采摘区为 7 月中旬至 9 月中旬。

采育“绿葡萄”（2016 年）

采育葡萄园

**北京大兴采育菊花科普观光园** 园区隶属北京信采种养殖有限公司，是一家专门从事切菊花生产经营的专业化企业。投资1200余万元在采育建成200亩现代化花卉生产基地。建有加温补光温室169栋，日光大棚34栋。栽培品种有优香、夏黄、新华、多头菊、盆栽菊等，年产鲜花600万枝。配有350平方米大型冷库，可保存鲜切花40万枝。公司通过对菊花产业生产技术的推广，挖掘菊花文化产业，开展农业花卉观光和生态科普休闲旅游。

**碧丹园** 种植面积60亩，以葡萄种植为主。主要有巨峰、玫瑰香、红提、黑提等优良品种。可以领养葡萄树、体验农活、学习农业知识。8月至9月底为最佳采摘期。

**百年百亩玫瑰香葡萄采摘园** 潘铁营村已有百年玫瑰香葡萄种植史，有占地100余亩的百年百亩玫瑰香葡萄采摘园。园区内采用标准化生产种植技术，施用有机肥，生产纯正、优质、安全、绿色的玫瑰香葡萄，每年8月中旬至10月底为最佳采摘期。

## 万亩葡萄基地

**基地建设** 1997年，为引导、鼓励、扶持农民大力发展葡萄产业，采育镇启动实施万亩葡萄基地产业化工程。该工程被列为北京市20个重点项目之一。工程依托境域龙头企业，以万亩葡萄基地建设为基础，健全配套设施，完善功能，全面深化产前、产中、产后3个环节建设，形成葡萄产前、产中、产后技术产业化集团，包括无毒工厂化育苗技术研究及推广、产中生物调控技术应用与推广、产后贮藏技术应用研究和推广及葡萄酒酿造技术研究。至2016年，采育镇万亩葡萄基地产业化工程成效明显。万亩葡萄基地葡萄品种发展到百余个，带动4300农户（占全镇总户数的50%）从事葡萄生产，年产量达2000余万千克，葡萄年产值1.15亿元，从业人员1.2万人，占全镇人口的37.5%，种植户人均增收1000余元，比单纯种植粮食增加收入10倍以上，成为该镇农业的一项支柱产业、特色产业、优势产业。

采育万亩葡萄基地（2006 年）

**规模葡萄园** 采育镇面积较大的葡萄园有 100 多个，总亩数超过 4200 亩，其中，形成规模的 21 家。分别为：杨堤精品葡萄采摘园（600 亩）、北营精品玫瑰香葡萄采摘园（580 亩）、西营一村精品葡萄采摘园（560 亩）、北山东村精品葡萄采摘园（500 亩）、东营二村精品巨峰葡萄采摘园（450 亩）、东营一村精品葡萄采摘园（280 亩）、采育科育葡萄品种种植园（300 亩）、南山东营一村精品葡萄采摘园（280 亩）、采育科育新品种示范推广园（200 亩）、采育镇大里庄无核葡萄采摘园（179 亩）、西营四村精品巨峰葡萄采摘园（160 亩）、潘铁营百年百亩玫瑰香葡萄采摘园（100 亩）、采育建华精品葡萄采摘园（100 亩）、岳街精品葡萄园（85 亩）、西营二村精品巨峰葡萄采摘园（80 亩）、包头营锦绣观光葡萄园（80 亩）、碧丹园（60 亩）、宁家湾精品葡萄采摘园（50 亩）、采育金叶种植园（50 亩）、采育光俊精品葡萄园（50 亩）、韩营精品葡萄采摘园（50 亩）、施家务红提葡萄采摘园（20 亩）。

## 葡萄产业

**产业概况** 2001 年后，采育镇葡萄产业迅速发展。2004 年，采育万亩葡萄观光旅游采摘景区和京南采育观光旅游精品采摘园通过大兴区农委、财政局、旅游局、林业局的联合验收。鲜食葡萄注册“京采”牌商标，通过绿色食品认证。北京顺兴葡萄酿酒公司用采育葡萄酿造的“丰收”牌葡萄酒被评为全国六大名牌葡萄酒之一。

到 2016 年年末，全镇葡萄种植面积达到 2 万多亩，100 多个品种，年产量 1.8 万吨。几十家大小不等的葡萄采摘园、观光园，集观光、采摘、餐饮、休闲娱乐为一体的生态园、休闲农庄遍布采育葡萄园区，先后有十来户葡萄销售、加工等企业进入采育。采育葡萄产业形成种植、销售、加工产业一体化。

**产业开发**　20 世纪 90 年代，市场对酒葡萄和食用葡萄需求量加大，加之农业种植结构调整，采育镇党委、政府大力扶持镇域葡萄产业，把发展葡萄产业列为全镇农业产业调整、经济发展的重要项目，推动采育镇葡萄产业的跨越式发展。1997 年，被列为北京市 20 个重点项目之一的采育镇万亩葡萄基地产业化工程启动，总投资 1200 万元。这项工程被北京市、大兴县列为农业产业开发项目。在市、县有关部门的大力支持下，投资 300 多万元，配套基地水利设施，发展葡萄种植 3500 亩，建育苗温室 15 亩，培育种苗 150 万株。1998—2000 年，镇党委、政府加快实施万亩葡萄基地产业化工程。1999 年，采育葡萄协会成立，重在交流葡萄种植技术，协调葡萄生产。在北京市区建立葡萄定点批发市场，采育葡萄大批量进入北京市场。

2000 年撤乡建镇后，采育镇党委、政府坚持以农业结构调整为主线，以市场为导向，引导农民加快农业结构调整的步伐，重点发展设施农业、精品农业和观光农业，葡萄生产成为采育镇独具特色的代表性产业。

2001 年，在北京农学院专家的指导帮助下，采育镇葡萄注册了“京采”商标。镇党委做出《关于举办北京大兴采育葡萄文化节的决定》，成功举办首届“北京大兴采育葡萄文化节”，在采育葡萄观光园举行“葡萄产业与采育发展”研讨会，请专家、领导共商采育发展大计。采育镇第十三届人民代表大会第五次会议决定将“北京大兴采育葡萄文化节”定为采育镇的传统节日。从 2002 年起，每年的 8 月 18—22 日举办北京大兴采育葡萄文化节。2000—2002 年，全镇新增葡萄 1.4 万亩，葡萄种植面积达到 2 万亩，占全镇耕地面积的 1/3，年产值 2000 多万元，初步形成葡萄产业化格局。2002 年 6 月 30 日，中国特产之乡推荐暨宣传活动组织委员会，批准认定采育镇为“中国葡萄之乡”。在第二届北京大兴采育葡萄文化节开幕式上，中国特产之乡推荐暨宣传活动组织委员会宣读关于采育镇申报“中国葡萄之乡”的批复。农业部教育司原副司长孙翔，向采育镇颁发“中国葡萄之乡”的牌匾和证书。举行“中国特产之乡联谊会”，加强采育和其他“中国特产之乡”的联系。举办“葡萄之乡发展论坛”，邀请专家、学者就“入世后葡萄产业的发展前景”“采育的优势和现状应如何发展葡萄产业”“葡萄产业与旅游业怎样结合”等议题进行研讨。

2002 年起，每届北京大兴采育葡萄文化节开幕前夕，都由中国葡萄协会牵头，在采育举办由各个省市葡萄种植大户参加的大兴采育葡萄擂台赛。

2003—2005 年，采育镇凭借北京大兴采育葡萄文化节开展各项活动，推动全镇葡萄产业持续发展。2003 年第三届北京大兴采育葡萄文化节开幕式上，采育镇与新疆吐鲁番市葡萄沟乡建立“友好乡镇”。镇政府投资 170 万元，完成葡萄展厅建设；投资 240 万元，新建葡萄保鲜库 10 栋，容积 7200 立方米，存储 150 万千克。2004 年第四届北京大兴采育葡萄文化节期间，在采育葡萄庄园举办中国葡萄博物馆和采育镇葡萄研究所揭牌仪式。中国葡萄协会、北京果品协会、北京农业大学的专家、教授，北京市、大兴区的有关领导、新闻界人士参加揭牌仪式。11 月 10 日，采育万亩葡萄观光旅游采摘景区和京南采育观光旅游精品采摘园，通过大兴区农委、财政局、旅游局、林业局的联合验收。是年，镇政府组织村党支部书记和葡萄种植大户去外地参观学习，研究制定鼓励葡萄种植的相关政策，解决葡萄生产、销售中的具体问题。

2005 年，由采育镇政府承办，中国特产之乡推荐暨宣传活动委员会，中国特产报社，大兴区委、区政府主办的第七届中国特产文化节暨中国特产之乡开发建设宣传十周年工作总结表彰大会在北京人民大会堂举行。采育镇被评为中国特产之乡先进单位。

进入 21 世纪，采育镇党委、政府持续发展葡萄产业，每年坚持举办北京大兴采育葡萄文化节，创新形式，丰富内容，引领全镇葡萄产业健康快速发展。借助北京大兴采育葡萄文化节平台，把葡萄产业做强做大，使全镇葡萄产业系列化、规模化，集葡萄种植、葡萄科研、葡萄企业、葡萄文化、观光采摘、娱乐休闲于一体。实施“百园万亩工程”，打造“采育万亩葡萄基地”；以葡萄旅游资源为引领，将镇域内各个旅游观光采摘园进行区域性的资源整合；充分利用葡萄资源，吸引葡萄加工企业进驻采育。到 2016 年年末，全镇先后有十来户葡萄销售、加工企业进驻采育。采育镇葡萄产业形成种植、研发、销售、加工一体化。

**重点产业**

***观光旅游***　2001 年后，采育镇以万亩葡萄观光旅游采摘景区为核心，实施“百园万亩工程”，将镇域内各个旅游观光采摘园进行区域性的资源整合，构建采育葡萄特色旅

融青生态园（2016 年）

玛莱特红酒庄园（2004 年）

游业。其中，万亩葡萄基地、融青生态园、葡萄大世界观光采摘园、玛莱特红酒庄园各具特色。

万亩葡萄基地：1997 年，采育镇以万亩葡萄观光旅游采摘景区为核心，采廊路和韩风路设施农业带为两翼，104 国道沿线旅游观光带为辅助，形成纵横旅游网络体系，将镇域各个旅游观光采摘园进行资源整合，构建万亩葡萄基地。该基地有葡萄园百余个，为国家 AAA 级旅游景区。2003 年，万亩葡萄基地在"金秋百万市民观光采摘之旅"组委会举办的百家精品果园评比中获得"一号园"称号，同时，成为"北京信报读者园"和"北京交通台听众园"。2016 年，在万亩葡萄基地建有"葡萄庄园、葡萄博物馆、葡萄研究所"等以葡萄文化为主题的建筑。该基地成为集"葡萄展示、人才培训、观光采摘、休闲娱乐、餐饮住宿"等于一体的葡萄观光景区。

融青生态园：位于采育经济技术开发区西侧。葡萄种植面积达 980 亩，有 151 个葡萄品种，年产量超 196 万千克。该园曾获得上海大世界基尼斯纪录认证的"鲜食葡萄品种最多的种植园"证书。其中，7 个品种是北京市农林科学院的专家在此进行实验的葡萄品种。

葡萄大世界观光采摘园：位于采育镇采辛路采育万亩葡萄基地。占地 200 余亩，葡萄品种 20 余个。园区葡萄口感酸甜可口、汁多味美。园区有两栋木质小屋，提供餐饮服务，还有一个人工鱼池，可为游客提供垂钓服务。园区冬春两季有草莓、夏季有瓜果、秋季有葡萄。此外，还有垂钓、正宗鲁菜和自然生长的野菜等。

玛莱特红酒庄园：占地 150 亩，被北京市旅游发展委员会评定为休闲农庄、大兴区农业委员会评定为“十大农业观光园”之一。曾获得北京市 A 级食品卫生单位、2011 年优秀特色新业态和 2012 年“春华秋实”旅游观光园等称号。酒庄以葡萄和葡萄酒文化为核心，以都市农业和乡村旅游为经营特色，把葡萄种植、葡萄酒文化、餐饮服务、休闲垂钓、农业观光等融为一体。该庄园门口矗立着一个硕大的橡木桶，整个庄园为欧式建筑。庄园共有 50 间客房，可接纳 100 人。客房窗外，是占地 100 亩的葡萄园。

**加工业**　采育葡萄实行规范化种植，全部使用无公害、无残留的生物、半生物农药和有机肥，并推广和使用葡萄套袋技术、铺设反光膜增加光照技术、微灌和生物防治等 30 多项生产新技术。鲜食葡萄通过绿色食品认证。葡萄品种多，数量足、质量好，能满足规模化加工的需要，为葡萄加工业提供了充足条件。北京顺兴葡萄酿酒公司用采育葡萄酿造的“丰收”牌葡萄酒被评为全国六大名牌葡萄酒之一。

**销售业**　采育葡萄主要是在当地和北京市场销售。一部分以各葡萄采摘园、观光园为基地，通过北京大兴采育葡萄节活动和季节性观光采摘等形式销售；另一部分通过葡萄专业合作社销售。北京市京采兴农产品专业合作社、北京采育喜山葡萄专业合作社较有特色。

北京市京采兴农产品专业合作社：位于邵各庄村，其前身为成立于 2006 年 4 月的北京市采育农产品商贸协会，2009 年 7 月更名为北京市京采兴农产品专业合作社。北京市京采兴农产品专业合作社与采育镇 5 个村签订合作协议。合作社成员有 129 户。2009

采育葡萄在北京超市销售（2011 年）

葡萄酒陈年老窖（2016 年）

年 8 月，合作社与北京家乐福商业有限公司签订了水果、蔬菜购销合同，通过“农超对接”的方式使采育镇的农产品首次进驻超市。

北京采育喜山葡萄专业合作社：位于采育镇大里庄村，2008 年 11 月，由葡萄种植大户杜喜山创建。该合作社拥有 800 亩优质高效示范基地，其中，以圃代林 600 亩，品种观光园 120 亩，葡萄 80 亩。另外，还有 25 亩高智能连栋温室及苗圃地。合作社除葡萄种植外，还为其他葡萄种植户提供苗木、技术等全方位支持。2009 年 6 月，合作社被北京市农业委员会确定为北京市农业标准化示范基地，2015 年被北京市旅游发展委员会评为市级采摘园。

## 文化科研机构

**中国葡萄博物馆**　中国葡萄博物馆位于采辛路 28 号，2003 年建成。文化展厅占地面积 1000 平方米，总投资 270 余万元，为中国第一所葡萄博物馆。厅内设有葡萄简介、

中国葡萄博物馆揭牌仪式（2003 年）

中国葡萄博物馆（2003 年）

世界葡萄简史、中国葡萄简史、采育葡萄简史、世界葡萄酒生产史、中国葡萄酒文化、葡萄与葡萄酒的营养与保健、庭院葡萄及世界各国赞美葡萄的诗、画等 43 个板块。其中，葡萄简介板块以图文并茂的形式介绍具有代表性的葡萄，并展出 40 多个品种的葡萄模型。该博物馆已成为中国农业博物馆中的一员。

**京采兴农葡萄研究所** 京采兴农葡萄研究所位于采育镇凤河营村，2003 年由高艾红创立，占地500亩，是集科研、示范、观光及葡萄生产、品种引进与育苗、葡萄酒生产、技术辐射、旅游观光、餐饮住宿、果农培训于一体的葡萄种植管理企业。

京采兴农葡萄研究所每年至少举办 10 次以上的培训班，帮助果农解决葡萄生产技术问题，引进葡萄品种，推广、发展葡萄设施栽培技术等，效果明显。

2014 年，该研究所邀请中国葡萄协会会长、天津市农业科学院林业果树研究所研究员修德仁对采育葡萄种植户进行四次葡萄种植与管理等相关专业技术知识培训。同时，研究所专家还和修德仁一起到葡萄种植区，检查指导葡萄种植情况，并根据本地自然条件，就葡萄口感、产量、抗病性、成熟期等不同特性向全镇引进新品种，推广新技术。

## 北京大兴采育葡萄文化节

2001 年 6 月，中共采育镇委员会做出关于举办北京大兴采育葡萄文化节的决定。是年 8 月，举办首届北京大兴采育葡萄文化节。2001—2016 年，采育镇已连续举办 16 届北京大兴采育葡萄文化节。

**文化节活动**

**第一届北京大兴采育葡萄文化节（2001 年 8 月 18—22 日）** 在采育十里葡萄长廊西口举行开幕式；在采育影剧院举办“葡萄庄园”文艺晚会，由万兴歌舞团演出；举行葡萄产业与采育发展研讨会；举办“葡萄滴翠”暨第二届采育农民歌手演唱赛；举办葡萄之乡书画展，请文化局、南海画苑的书法家、画家对作品进行点评、发奖，并现场作

首届北京大兴采育葡萄文化节开幕式（2001年）

首届北京大兴采育葡萄文化节开幕式会场（2001年）

画；举办“知采育、爱采育、建设采育”知识趣味赛。第一届北京大兴采育葡萄文化节的成功举办，为采育镇这个传统节日的连续举办奠定基调，打下了基础。

**第二届北京大兴采育葡萄文化节**（2002年8月18—22日）　该次葡萄文化节承前启后，增加了“中国葡萄之乡”授牌仪式，设立了大兴采育葡萄擂台赛。中国特产之乡推荐暨宣传活动组织委员会领导宣读关于采育镇申报“中国葡萄之乡”的批复，并向采育镇授“中国葡萄之乡”牌；举办“走向辉煌的采育”歌舞晚会和“共庆葡萄文化节”电影晚会；举行“采育情系同心结”书画笔会；举行“走进京南吐鲁番”知识趣味赛；举行首届大兴采育葡萄擂台赛，对葡萄单穗重、单粒重及质量按早、中、晚熟3个品种评出前三名进行表彰和奖励；举行“中国特产之乡”联谊会；举行区有关部门、驻京办事处、国有大型企业和本地区注册企业领导参加的“情系京南吐鲁番”联谊会，同时进行项目推介、洽谈、签约；举行“葡萄发展论坛”。

**第三届北京大兴采育葡萄文化节**（2003年8月18—22日）　经过两届葡萄节的成功举办，北京大兴采育葡萄文化节声名鹊起，外国游客也来参加文化节，享节日氛围，

第三届北京大兴采育葡萄文化节开幕式（2003年）

品葡萄美食。该届葡萄文化节首开行业部门与政府联办的先河，探索办好葡萄文化节的新途径。该届葡萄文化节在大兴站前广场由大兴区文化委员会、采育镇政府共同举办“采育之夜——献给大兴人民的歌”大型文艺演出；开幕式后由吐鲁番艺术团进行开幕式演出；在福源路进行民间杂耍表演；举办“采育飞歌”消夏歌舞晚会；举行“共庆葡萄文化节”电影晚会；邀请外国参赞游“京南吐鲁番”；在葡萄博物馆举行第二届全国葡萄擂台赛，比赛前举行葡萄研究所揭牌仪式；在镇葡萄研究所举办有关部门、驻京办事处、国有大型企业和本地区注册企业领导参加的“共创采育辉煌”鸡尾酒会，进行项目推介洽谈签约。

**第四届北京大兴采育葡萄文化节**（2004年8月18—22日）　该届葡萄文化节走出采育镇，登上大舞台，在全国政协礼堂举行“采育之恋——走进京南吐鲁番”大型文艺演出暨第四届北京大兴采育葡萄文化节新闻发布会。开幕式后，在文化广场举行文艺演出。由大兴区文化委员会、大兴区文化艺术界联合会、采育镇人民政府主办，由南海画院承办，在采育镇政府和大兴宾馆举办“全国百杰书画家，同贺葡萄文化节——京南吐鲁番”大型现场国画原创笔会。以联欢、民族歌舞、冷宴等形式，在采育举行由区领导、百名画家、企业家、外国友人等参加的“盛世欢歌——京南吐鲁番情思”宾友联谊活动；在采育文化广场举办“采育的恋歌”消夏歌舞晚会；举办“同庆葡萄文化节”电影晚会。在镇葡萄研究所举行第三届中国优质葡萄擂台赛暨中国葡萄博物馆——文化展厅揭牌仪式；在采育葡萄精品园举办“北京名果大家评”——葡萄专场。

**第五届北京大兴采育葡萄文化节**（2005年8月18—22日）　该届葡萄文化节最大

第四届北京大兴采育葡萄文化节盛世欢歌文艺演出（2004年）

第四届北京大兴采育葡萄文化节举办全国百杰画家大型现场国画创作活动（2004年）

第五届北京大兴采育葡萄文化节开幕式上新疆吐鲁番向采育镇赠送“北京吐鲁番”的牌匾（2005年）

北京大兴采育第七届葡萄文化节文艺晚会歌舞演出（2007年）

第九届北京大兴采育葡萄文化节人力资源招聘及学校间合作签约（2009年）

的亮点是新疆吐鲁番向采育镇赠送“北京吐鲁番”的牌匾。该届葡萄文化节在中国葡萄博物馆广场举行第四届中国优质葡萄擂台赛暨迎奥运北京名优果品推荐评选活动；举办“采育与你同行”工业园区推介活动；在中国葡萄博物馆葡萄文化广场举办“放飞心情——情系京南吐鲁番”招待晚会；举办“农家乐‘三农’大舞台”文化活动；推出由北京市果树产业协会、“收获金秋”市民观光果园采摘之旅组委会批准挂牌的精品果园。

**第六届北京大兴采育葡萄文化节**（2006年8月18—22日） 该届葡萄文化节主要活动有：“名角名嘴聚采育，同话共建新农村”文艺晚会暨第六届北京大兴采育葡萄文化节开幕式；“采育名果”展示活动；在镇葡萄研究所举行第五届全国优质葡萄擂台赛并颁奖仪式；在镇政府举行“和煦春风今又是碧翠梧桐引凤来”——北京采育经济开发区揭牌暨签约仪式；举行“就恋这方热土——新农村建设大擂台”；举办“名角走进农家院亲身感受新农村”——葡萄文化节分会场活动；在镇政府举办“夕阳无限好”——葡萄文化节老干部招待会；在葡萄博物馆举办“碧海葡园藤牵翠　金秋采育翰墨情”——历届葡萄文化节优秀书画作品展。

**第七届北京大兴采育葡萄文化节**（2007年8月18—22日） 该届葡萄文化节开创新模式，由企业登台和政府联办葡萄文化节。主要活动：葡萄文化节开幕式暨“阳光波尔多之夜”文艺演出；北京汽车零部件产业发展与基地建设论坛；“阳光波尔多杯”第六届中国优质葡萄擂台赛暨颁奖仪式；各分会场活动；老干部招待会；“阳光波尔多杯”农家饭厨艺大赛。

**第八届北京大兴采育葡萄文化节**（2008年8月18—22日）　该届葡萄文化节主要活动：开幕式暨采育镇“比比谁家的葡萄好　我为奥运做贡献”优质葡萄评选活动；“全国发展改革试点小城镇”采育经济发展论坛；各分会场活动；旅游采摘活动。

**第九届北京大兴采育葡萄文化节**（2009年8月18—22日）　该届葡萄文化节主要活动：开幕式暨“恒盛·波尔多之夜”大型综艺晚会；人力资源招聘会；北京汽车高级技工学校与采育中学合作签约仪式；各村围绕“深入实践科学发展观、走城乡一体化建设示范路”开展丰富多彩的文化活动；相约采育自驾等系列活动；葡萄博物馆文化展厅、书画展厅对游客开放；“恒盛·波尔多”书画笔会；组织“恒盛·波尔多”嘉年华活动；举办“恒盛·波尔多”葡萄园艺讲座及园艺体验活动；国家青年马术队选拔赛；国际马联场地障碍挑战赛。

**第十届北京大兴采育葡萄文化节**（2010年8月18—22日）　该届葡萄文化节主要活动有：开幕式暨2010年“采育杯”全国马术场地障碍冠军赛；北京采育经济开发区新入区项目签约仪式人力资源招聘会；创建第十届北京大兴采育葡萄文化节官方网站；各分会场活动；旅游、采摘活动；“相约采育自驾游”系列活动；组织参观中国葡萄博物馆活动；京城马汇（北京）国际马术俱乐部休闲体验。

**第十一届北京大兴采育葡萄文化节**（2011年8月18—22日）　该届葡萄文化节主要活动有：开幕式暨1039“相约采育自驾游”系列活动启动仪式；与北京家乐福的18家超市合作，在超市设立分会场；“文艺星火演出工程”送文化下乡活动；旅游、采摘活动；京城马汇（北京）国际马术俱乐部休闲体验。

**第十二届北京大兴采育葡萄文化节**（2012年8月18—22日）　该届葡萄文化节主要活动有：“相约采育、走进北京吐鲁番”慰问文艺演出；“相约采育自驾游”系列活动；“印象城南聚焦采育”摄影大赛；“寻宝总动员”大型广播互动旅游节目；“播客王国”四档直播节目宣传本次活动。

**第十三届北京大兴采育葡萄文化节**（2013年8月26—30日）　该届葡萄文化节以“简约、高效、富农、惠民”为原则，主要安排两项内容，一是“中国梦大兴情——美丽采育生态融青”开幕式；二是“享受田园　走进美丽采育”快乐自驾系列活动。

**第十四届北京大兴采育葡萄文化节**（2015年8月18—22日）　该届葡萄文化节开幕式后，开展各项文化活动；黄村艺术团演出；采摘观光；特色旅游。

**第十五届北京大兴采育葡萄文化节**（2015年8月26—30日）　该届葡萄文化节开

幕式后，开展“田园童趣乐活采育”游园采摘活动；“漫享生活　美丽采育”摄影大赛；“实现价值圆梦采育”葡萄文化节专场招聘会；“便民利民微商采育”农产品销售活动。

**第十六届北京大兴采育葡萄文化节（2016 年 8 月 18 日至 10 月 18 日）** 该届葡萄文化节创新形式，以旅游为载体，举办 2016 年大兴“春华秋实”金秋旅游季暨第十六届采育葡萄文化旅游节，同时推出“金秋文化采摘节”“湿地文化节”等 30 个主题旅游活动。“城南绿海，甜美大兴——2016 年大兴‘春华秋实’金秋旅游季”，共推出 30 个主题旅游活动，40 个观光采摘园区，36 家特色美食宴和 10 条精品旅游线。中国邮政集团公司 2016 年 7 月发行了 1 套水果邮票，其中采用了采育的葡萄。经中国邮政集团公司批准，在启动仪式当天，中国邮政集团公司北京市大兴区分公司向采育镇政府赠送编号为 01A 的整版葡萄邮票，被采育镇人民政府永久珍藏。

**文化节成果**　第二届北京大兴采育葡萄文化节期间，宣读关于采育镇申报“中国葡萄之乡”的批复；为“中国葡萄之乡”授牌；重奖为采育葡萄产业做出突出贡献的晁无疾教授等。该届文化节上还推出葡萄擂台赛项目，对葡萄单穗重、单粒重以及质量按早、中、晚熟三个品种评出前三名，并进行表彰和奖励。

北京大兴采育葡萄文化节吸引众多国内游客，外籍人士也颇感兴趣。自第三届北京大兴采育葡萄文化节有一位外国参赞游览“京南吐鲁番”后，美国、法国等多国游客到采育观赏、采摘葡萄活动已成常态。北京大兴采育采育葡萄文化节还吸引阎维文、李嘉存、李国盛等一批知名演员表演并体验农家生活，了解古镇民风、民俗、民情。

北京大兴采育葡萄文化节成为招商引资平台，助力采育经济发展。仅第三届北京大兴采育葡萄文化节，镇就与 20 个企业达成合作，总投资达到 15.2 亿元。采育葡萄文化节在促进镇域旅游业发展的同时，更是增加了农民收入。第九届北京大兴采育葡萄文化节当月，旅游观光人数达 39.8 万人次，旅游收入 1691.5 万元，其中，万亩葡萄观光采

中国邮政集团公司北京市大兴区分公司向采育镇政府赠送编号为 01A 的整版葡萄邮票（邮票票面中有采育葡萄）（2016 年）

摘景区接待游客 18.7 万人次，旅游收入 859.4 万元。

表 1

2001—2016 年北京大兴采育葡萄文化节情况统计表

| 届次 | 游客（万人次） | 采摘葡萄（万千克） | 洽谈项目（个） | 协议资金（亿元） |
|---|---|---|---|---|
| 第一届 | 10 | 25 | 38 | 0.36 |
| 第二届 | 8 | 15 | 43 | 1.43 |
| 第三届 | 22 | 85 | 20 | 15.2 |
| 第四届 | 35 | 500 | 8 | 1500 |
| 第五届 | 38 | 525 | 20 | 2.7 |
| 第六届 | 44 | 540 | 22 | 3.6 |
| 第七届 | 61 | 565 | 26 | 4.8 |
| 第八届 | 86.4 | 605 | 21 | 5.6 |
| 第九届 | 39.8 | 570 | 17 | 6.7 |
| 第十届 | 27.6 | 503.5 | 18 | 7.5 |
| 第十一届 | 2.2 | 6.6 | 11 | 4.1 |
| 第十二届 | 2.6 | 6.75 | 14 | 5.8 |
| 第十三届 | 2.4 | 6.9 | 8 | 21.5 |
| 第十四届 | 2.3 | 7.05 | 10 | 6.6 |
| 第十五届 | 2.2 | 6.4 | 11 | 8.7 |
| 第十六届 | 2.5 | 6.8 | 13 | 11.6 |

### 葡萄擂台赛

2002 年，由中国农学会葡萄分会等单位主办，采育镇人民政府组织并承办，举办第一届大兴采育葡萄擂台赛（简称“葡萄擂台赛”）。葡萄擂台赛选手来自全国各省、市、自治区葡萄种植基地、单位、个人。参赛葡萄品种必须具备省级以上相关机构评审认定，送评样品统一编号，由专家组进行初评，对入选样品事先分别进行农药残留检测，超标的样品实行一票否决制。葡萄擂台赛设有优质葡萄金奖、优质奖及“中国最甜葡萄状元奖”“最大粒葡萄状元奖”，由主办单位向其颁发奖牌、证书。其中，一等奖奖金 5000 元。从 2003 年第二届大兴采育葡萄擂台赛开始，采育镇政府承办由中国经济林协会、中国农学会葡萄分会等单位主办的中国优质葡萄擂台赛。是年，承办第二届中国优质葡萄擂台赛。2002—2007 年，大兴采育葡萄擂台赛共举办 6 届。2003—2007 年，采育同时承办第二届至第六届中国优质葡萄擂台赛。2007 年后停办。

**第一届大兴采育葡萄擂台赛** 该届葡萄擂台赛上，采育镇北辛店村吴士臣种植的“马特”葡萄，以单穗重 2.57 千克获葡萄单穗重（中）组冠军；东营二村刘廷芝种植的

“绿宝石”葡萄，以单穗重 2.26 千克获葡萄单穗重（晚）组冠军；东喜二村蒋书明种植的“红提”，以单粒重（晚）11.4 克获葡萄单粒重（晚）组冠军；北营村王玉龙种植的“京秀”葡萄，获质量组（早）冠军；大黑垡村李凤春种植的“玫瑰香”“绿宝石”分别获得质量组（中）、质量组（晚）冠军。

**第二届大兴采育葡萄擂台赛**　该届葡萄擂台赛的主要活动是承办第二届中国优质葡萄擂台赛。采育镇获奖的单位和个人有：北营村的蔡文祥获得葡萄质量组欧亚种和欧美杂交组冠军；采育镇葡萄研究所种植的“白鸡心”单穗重 2.87 千克，获得葡萄单穗重组冠军；采育镇二建农场“藤稔”葡萄以单粒重 30.5 克、直径 3.5 厘米、纵径 3.7 厘米，夺得葡萄单粒重组冠军，并获奖金 5000 元。

**第三届大兴采育葡萄擂台赛**　该届擂台赛的主要活动是承办第三届中国优质葡萄擂台赛。京采兴农葡萄研究所的无核“白鸡心”获得单穗重组冠军。

**第四届大兴采育葡萄擂台赛**　该届葡萄擂台赛的主要活动是承办第四届中国优质葡萄擂台赛。采育镇东营二村贾连平选送的“蜜汁”获得欧美有核组金奖；采育镇大里庄杜喜山选送的“夏黑”获得欧美无核组金奖；采育镇西营二村王艳久种植的“藤稔”葡萄以 24.83 克夺得最重单粒葡萄状元。

**第五届大兴采育葡萄擂台赛**　该届葡萄擂台赛的主要活动是承办第五届中国优质葡萄擂台赛。京采兴农葡萄研究所选送的无核“白鸡心”获得中国最大穗葡萄状元奖。

**第六届大兴采育葡萄擂台赛**　该届葡萄擂台赛的主要活动是承办第六届中国优质葡萄擂台赛。采育镇大里庄杜喜山选送的“金手指”获中国优质葡萄擂台赛金奖。

中国优质葡萄擂台赛上评委们为参赛葡萄评分（2002 年）

第三届中国优质葡萄擂台赛暨葡萄文化展厅揭牌会场（2003 年）

# 经济开发区

北京采育经济开发区前身为1998年落成的北京大兴采育科技园，2006年3月17日，经北京市人民政府批复设立为市级开发区，更名为北京采育经济开发区。2006年6月，顺利通过国家发展与改革委员会审核，成为第六批达到审核要求的省级开发区之一。采育经济开发区立足区位优势，以首都经济圈和京津制造业为依托，以现代制造业为主导，以制度创新、技术创新和机制创新为动力，适应市场需求，助推采育经济发展。经十年砥砺，到2016年，完成航盛、恒隆等重点项目建设12家，盘活引进北汽新能源汽车、普莱德电池等项目13个，形成以新能源汽车和汽车零部件产业为主导的产业集聚发展态势。北京采育经济开发区被纳入中关村国家自主创新示范园区，获得国家低碳工业园区试点园区、北京市新型工业化示范基地等荣誉称号。

# 区位布局

**区位** 北京采育经济开发区位于北京东南部平原地带，地处首都经济圈以及“一轴、两核、三区”[①]为框架的京津冀经济圈中心区域。紧邻京津塘高速“采育”出口，距北京市区25千米、距天津市区80千米，邻近北京经济技术开发区和东方大学城，区位优越，交通便利。通过京津塘高速公路可连通北京市各条环路，紧邻104国道；周边有京九铁路和京沪铁路，距廊坊火车站15千米，公路铁路转换便捷；距北京首都国际机场60千米、距天津滨海国际机场70千米、距北京南苑机场20千米、距天津港110千米，是北京市距出海口最近的开发区。

**布局**

2006年3月17日，北京市人民政府正式批复原北京大兴采育科技园设立为市级开发区，更名为北京采育经济开发区。北京采育经济开发区总规划面积11平方千米，重点打造“五区一园”工程，即镇区、工业园区、物流园区、休闲度假区、农业示范区和葡萄观光园。2009年11月，北京新能源汽车科技产业园成立。北京采育经济开发区成为国内最大的新能源汽车生产基地。

**北京汽车零部件生产基地** 总规划面积133.33万平方米，首期用地93.33万平方米。基地首期建成后，新增年工业产值60亿元以上，解决当地劳动力就业3500人以上。重点引进国内外汽车零部件产业先进企业，打造北京汽车产业链条。北京汽车零部件基地综合服务楼、国家级重点技工学校——北京市汽车工业高级技工学校、北京汽车零部件

①“一轴”即：以京津塘高速公路为轴心，形成高新技术产业带，在此建成将各地利益凝聚在一起的产业链和产业集群。“两核”即：以京津两市作为首都经济圈双核心，将北京的首都优势与天津的港口优势、北京的知识经济优势与天津的外向型经济结合起来，促进京津冀都市圈合理地域分工体系的形成。“三区”即：京津唐产业区、京津保产业区、京张承生态涵养区。

物流园区等设施同时配套兴建。

**新能源汽车科技产业园区** 有集零部件生产、整车车间、研发试验、物流于一体的北汽新能源有限公司（简称“北汽新能源”），主要生产蓄电池的北京普莱德新能源电池科技有限公司（简称“北京普莱德”）和以生产电机为主的北汽大洋电机科技有限公司（简称“大洋电机”）等相关企业。

**休闲度假区** 依托2平方千米的原始次生森林，13.33平方千米的葡萄园，富含多种矿物质的地热温泉，以及采育阳光俱乐部高尔夫球场，发展集观光、旅游、休闲、度假等功能于一体的现代服务业。

**北京采育农业高新产业区** 规划面积3.33平方千米，依托北京市农林科学院及相关高校，建设成为集高新农业研发、实验、种植、农产品深加工于一体的现代化农业新区。北京采育农业高新产业区开发前期主要是完成基础设施投入，在园区内建立研发楼、太阳能温室、农产品深加工综合楼。

## 基础设施建设

北京采育经济开发区总规划面积11平方千米，到2005年年末，基础设施累计投资达5.6亿元，供水、排水、电力、热力、通信、天然气等设施齐备，实现了“八通一平”（“八通”：道路、电力、供水、排水、供热、供气、电信、邮政；“一平”：地面平）。近30万平方米的阳光波尔多、蓝天花园等生活配套区为企业提供了充足的房源。

2006年4月，开发区开始新一轮基础设施建设。是年4月，8条道路经北京市规划委员会审核批复动工修建。是年5月，北京采育经济开发区招商大厅竣工并投入使用，招商大厅建筑面积1500平方米，内设开发区形象展示系统、多媒体会议系统等。是年6月，北京采育经济开发区通过国家发展与改革委员会审核，成为第六批达到审核要求的省级开发区之一。是年8月，北京采育经济开发区举行揭牌仪式。至2006年年底，北京采育经济开发区完成建设总面积305万平方米，建筑面积22万平方米；入驻企业35家，其中，中外合资企业3家；企业协议总投资20亿元人民币，实际到位12亿元人民币，利用外资440万美元。开发区企业职工4300多人，安排本地劳动力就业3800人。

**供水设施** 2006—2016年，建成供水厂、集中供热厂；铺设地下给水、雨水、污水管道等；完成污水处理厂一期工程，日处理能力1.5万吨/天。2013年，投资11.4万元安装完成1140个市政雨污水井盖防坠网。

**通信设施** 2010年，铺设育政街、育祥街、采伟路、育英街移动管道约7千米，2011—2012年，完成园区内其他道路的管道铺设9千米。镇政府与中国移动大兴分公司签订信息化战略合作协议，共建镇域内固定电话、移动通信网络以及数字电路租用；同时，中国移动大兴分公司为政府和企业用户提供个性化综合通信解决方案。

**供暖供气** 2009年，陕京二线天然气北京末站在北京采育经济开发区建设完成。2010年，为解决海纳川北汽模塑有限公司及周边企业生产用气问题，投入1200万元新建供热厂锅炉房及增加2台10吨燃气蒸汽锅炉，2011年全部竣工。2012年，投资1000万元实施供热厂“煤改气”工程，把原有燃煤锅炉（2台10吨燃煤热水锅炉和2台10吨燃煤蒸汽锅炉）更换为燃气热水锅炉（2台20吨），10月竣工，总供热面积为26万平方米。

**电力设施** 2011年，完成1号开闭站发电，3号开闭站发电。2013年，完成2号开闭站发电。切实解决企业用电需求，保障企业正常投产。

**交通设施** 2006年，投资修建园区中路、政中路等6条园区道路，通车里程6.7千米，形成“四横二纵”的交通网络。2007年，北京采育经济开发区二期采宝路、育祥街、采发路、采和路、采展路、采图路、采业路、育英街、育隆大街9条道路相继竣工，道路全长11230米。2010年，投资2.45亿元，完成园区配套工程完善项目暨两区首个对接项目；翻建总长5849米、总面积13.6万平方米的4条道路；施工范围包括市政道路、污水管道、雨水方沟、强电、再生水、燃气、热力等管线及附属配套设施。2014年，协调926路公交车、采育至劲松快速出行班车新增4个站点，解决企业职工出行问题。2016年，在采育镇镇区、开发区安装5处公共自行车站点，共计100套车桩。在育新花园中里客服中心处办理个人公共自行车租赁卡，在北京采育经济开发区管委会办理采育镇政府、北汽新能源汽车股份有限公司等团体卡130张。

**监控设施** 2015 年，针对北京采育经济开发区监控系统不完善的实际情况，在开发区所有路口安装 30 台套监控设备，通过建立监控管理平台，实现开发区智能化管理，保障开发区的安全，提升开发区服务管理水平。

## 发展概况

**北京大兴采育科技园** 1998 年 3 月，采育镇贯彻落实大兴县“科教兴县、城镇带动、产业互促、协调发展”战略，开始运作北京大兴采育科技园；采育镇党委政府经深入调查研究、请专家论证，正式就大兴县人民政府“关于发展地区经济”问题，进行专项请示；4 月 15 日，召开“采育开发区研讨会”；9 月 17 日，召开“关于京津塘大兴科技园建设有关问题办公会”。1999 年 5 月 29 日，经大兴县人民政府第六次常务会议研究，“采育科技园”正式命名为“北京大兴采育科技园”。

北京大兴采育科技园总规划面积为 5 平方千米，总体规划为四大区域：一是以新型建材和节能材料为主的新材料和新能源产业区，二是以轻工食品为主的都市产业区，三是以国际先进制造业企业为主的国际化产业区，四是商务与生活配套区。一期启动面积 1.29 平方千米；园区采取市场运作方式开发建设，并享受县级工业区的各项优惠政策。

1999 年上半年，采育镇党委、政府重点制定和落实北京大兴采育科技园园区启动的实施方案、入区的优惠政策、基础设施建设与实施方案，办理与开发相关的各种手续，投资 65 万元，进行园区新址办公条件的改善及部分硬件建设。截至 1999 年年底，入园项目 5 个，其中，人元电子设备有限公司注册资金 2000 万元。

2000 年撤乡并镇后，镇党委、政府坚持解放思想、锐意改革，利用北京大兴采育科技园的优势和相关优惠政策，加大招商引资力度，加快经济体制和经营方式的转变。全年工业总产值达 17400 万元，占工农业总产值的 53.1%，开创了采育镇有史以来工业总产值超过农业总产值的历史。在招商引资方面，全年共上新项目11家，其中，内资项目9家，投资2283万元，外资项目2家，投入190万美元。截至2000年年底，全镇工业企业122家，固定资产总额2.6亿元。在经营管理方面，全年完成技改项目3个，投入资金2612.74万元，完成重组转制项目16个，盘活资产1400.1万元；开发新产品46项，引导农民向二、三产业转移340户，引进人才42人。重点开展东半壁店村的工业大院建设，该大院已有企业6家，资产总额6100万元，年产值2570万元。

2001年，镇政府投资3000万元，重点进行北京大兴采育科技园区的基础设施建设。完成园区中路、政中路全长2605米的筑路任务，园区日供水5800吨的水厂一期工程和北京长途通信3000多米两段线缆的迁移工程。年内，两家企业入园建厂。是年，全镇工业总产值完成3亿元，同比增长57%，完成区下达任务的150%，占工业总产值的62.1%，同比增长9%。

2002年，投资3862.2万元完成4个技改项目，12月10日通过市专家组的项目评估，12月13日通过联合验收组的总验收；申报并通过5家民营科技企业入驻园区；3家企业通过ISO9001质量管理体系认证；4家企业通过ISO9001质量体系认证的转版工作；维冠电子设备有限公司还通过了ISO14001环境管理体系认证；奥宇模板有限公司顺利通过ISO9001、ISO14001和ISO28001管理体系认证，成为大兴区第一家通过3个管理体系认证的企业。年内共开发新产品13项，"四新"产品22项，奥宇生产的"拼装式全刚大模板"被认定为北京市名牌产品，该公司另有5项产品获国家专利。

2000—2002年的三年中，北京大兴采育科技园区的基础设施建设达到"六通一平"（六通：道路、电力、供水、排水、电信、邮政；"一平"：地面平）；入园企业21家，投资总额5.85亿元，其中，投资5000万元以上的企业4家，10家企业进行厂房建设，5家企业正式投产；民营科技企业及高新技术企业迅速发展，全镇已有民营企业23家，高新技术企业2家。2002年，全镇完成工业总产值1.7138亿元，工业增加值3326.1万元。

2003年，完成重组企业2家，盘活闲置资产500万元；技改企业3家，总计投资3000万元，通过企业技术改造的联合验收和总验收，获区级技改企业扶持资金资格。是年，镇政府邀请中央电视台制作中外版宣传片、册、光盘，在京津塘高速路采育段设置广告牌40块，改造招商大厅，制作北京大兴采育科技园区沙盘规划图形，举办葡萄节鸡尾酒会，实现网上招商，扩大了采育的知名度。

2004 年，镇政府对入区企业实行准入制度：企业须经环保主管部门审批合格；固定资产投资每平方千米必须在 150 万元以上；必须优先安排当地劳动力就业。是年，《北京城市总体规划（2004—2020 年）》确定“两轴两带多中心”的中心城市空间新格局，北京城市建设重点向郊区转移，新增工业用地重点向开发区集中。北京大兴采育科技园位于北京市重点发展的东部发展带上，凭借良好的区位优势，便捷的交通条件，广阔的发展空间，助力北京大兴采育科技园的发展。

2005 年年初，镇政府牵头进行食品安全专项整治，与 206 家企业签订质量责任书；镇党委、政府研究决定争创“环境优美乡镇”，并成立以党委书记任组长的创建领导小组，聘请园内知名的环保专家、教授任顾问，10 月通过了联合验收小组第一阶段的验收。是年，在镇党委、政府的多方努力下，北京大兴采育科技园全面通过由国土资源部、发改委组织的审核认定工作，为科技园升格为市级开发区奠定了基础。

**北京采育经济开发区** 2006 年 3 月 17 日，北京市人民政府正式批复原北京大兴采育科技园设立为市级开发区，更名为北京采育经济开发区。2006 年 6 月 6 日，北京采育经济开发区通过国家发展与改革委员会审核，成为第六批达到审核要求的省级开发区之一。总规划面积 11 平方千米，首期开发 5 平方千米，基础设施实现“八通一平”。

2007—2016 年北京采育经济开发区工业情况一览表

表 2

| 项目数据<br>年度 | 工业总产值（万元） | 工业销售产值（万元） | 出口交货值（万元） | 总收入（万元） | 利润（万元） | 缴纳税金总额（万元） | 就业人数（人） | 基础设施投入（万元） | 新引进入区企业（家） | 累计入区企业（家） |
|---|---|---|---|---|---|---|---|---|---|---|
| 2007 | 104927 | 84308 | — | — | 4535 | | 3761 | 18256 | 3 | 37 |
| 2008 | 244107 | 170790 | 8144 | 184454 | 6199.6 | 3658.6 | 4108 | 738 | 2 | 39 |
| 2009 | 85391 | 67881 | 3497 | 74037 | 3914 | 1697 | 1900 | 652 | 6 | 45 |
| 2010 | 148448 | 135962 | 3855 | 141864 | 298 | 2498 | 3118 | 10000 | 5 | 50 |
| 2011 | 237088 | 236325 | 6428 | 246406 | 6312 | 3493.3522 | 3531 | 17800 | 3 | 53 |
| 2012 | 351547 | 318662 | 5293 | 322723 | −7726 | 4491 | 6595 | 1730 | 5 | 57 |
| 2013 | 491032 | 465422 | 6587 | 510845 | −704 | 10167 | 5660 | 0 | 3 | 57 |
| 2014 | 616535 | 582765 | 10228 | 662189 | −13049 | 15719.5446 | 7102 | 900 | 2 | 59 |
| 2015 | 999635 | 714961 | 12658 | 1183150 | 51146 | 32145 | 8887 | 0 | 0 | 54 |
| 2016 | 1290259.46 | 1508629 | 16440 | 2206938 | 103262 | 56594 | 9503 | 49 | 0 | 53 |

## 2016 年北京采育经济开发区企业情况一览表

表 3

| 企业名称 | 工业总产值（万元） | 实缴税费总额（万元） | 从业人员期末人数（人） | 占地面积（公顷） | 产品 | 荣誉 |
|---|---|---|---|---|---|---|
| 北京新能源汽车股份有限公司 | 170585.46 | 6629 | 2025 | 14（三家企业在一个地块内） | 新能源汽车整车 | 国家高新技术企业、中关村高新技术企业、新能源汽车北京实验室 |
| 北京普莱德新能源电池科技有限公司 | 410002 | 16579 | 846 | | 新能源汽车电池 | 国家高新技术企业、中关村高新技术企业、北京市企业技术中心、北京市工程技术研究中心、北京市新能源车用动力电池系统集成工程技术研究中心 |
| 北京北汽模塑科技有限公司 | 205796 | 17068 | 878 | 15.6 | 汽车前后保险杠、A\B\C 柱、CONSOLE 等汽车内外饰产品 | 国家高新技术企业、中关村高新技术企业、北京市企业技术中心 |
| 北京亚太汽车底盘系统有限公司 | 172267 | 917 | 279 | 6.67 | 汽车制动器、车桥 | 国家高新技术企业、中关村高新技术企业 |
| 北京李尔汽车电子电器有限公司 | 80902 | 4554 | 2183 | 8.7 | 汽车线束 | — |
| 北京江森汽车内饰有限公司 | 60936 | 3749 | 678 | 7.26 | 汽车内饰件 | — |
| 北京维冠机电股份有限公司 | 32983 | 419 | 306 | 3.91 | 地铁检票售票设备，通信基站配套设备 | 国家高新技术企业、中关村高新技术企业 |
| 北京海纳川航盛汽车电子有限公司 | 33061 | 292 | 50 | 5.9 | 汽车空气净化器 | 国家高新技术企业、中关村高新技术企业 |
| 北京海纳川长鹏汽车部件有限公司 | 13440 | 987 | 245 | 5.21 | 汽车内饰件 | 国家高新技术企业 |
| 北京昌搏众邦轨道交通科技有限公司 | 9353 | 581 | 47 | 1.33 | 油压减振器、动车用研磨子、动车组清洗剂等 | — |
| 北京奥宇模板有限公司 | 1971 | 980 | 78 | 19 | 建筑模板 | 中关村高新技术企业 |
| 聚协昌（北京）药业有限公司 | 7031 | 438 | 86 | 7.6 | 中成药、保健食品的研发、生产、销售 | 中关村高新技术企业 |
| 北京天兴美德模塑制品有限公司 | 6585 | 56 | 62 | 4.1（三家企业在一个地块内） | 轮毂罩 | — |

续表 3

| 企业名称 | 工业总产值（万元） | 实缴税费总额（万元） | 从业人员期末人数（人） | 占地面积（公顷） | 产品 | 荣誉 |
|---|---|---|---|---|---|---|
| 北京天鹏汇彩纸制品有限公司 | 618 | 17 | 21 | 4.1（三家企业在一个地块内） | 纸生产加工 | — |
| 北京光宇新能科技有限公司 | 0 | 100 | 5 | | 新能源汽车电池 | — |
| 北京市安恒滤清器有限公司 | 3008 | 85 | 116 | 1.59 | 汽车滤清器 | — |
| 北京中海兴业安全玻璃有限公司 | 3323 | 143 | 125 | 7.3 | 钢化玻璃、夹层玻璃、中空玻璃、彩釉玻璃、艺术玻　璃、LOW-E玻璃等 | — |
| 北京久久神龙消防器材有限公司 | 4735 | 127 | 112 | 0.7383 | 灭火器和灭火剂 | 取得中国消防产品质量认证委员会颁发的型式认可证书，2006 年 12 月全国第一家获得公安部消防产品合格评定中心新版型式认可证书 |
| 北京宝典泛欧工艺制品有限公司 | 2002 | 37 | 107 | 2.3 | 各种高中档木制、塑料、金属和无边相框以及油画 | — |
| 北京东方诚鼎板材有限公司 | 5788 | 100 | 94 | 7.1 | 轻、重钢结构系列；工业幕墙复合板及金属幕墙复合板等 | — |
| 泰富纺织服装有限公司 | 2406 | 39 | 58 | 2.1（两家企业在一个地块内） | 服装 | — |
| 北京蒙田服饰有限公司 | 1806 | 34 | 57 | | | — |
| 煤炭科学研究总院采育生产基地 | 21012 | 96 | 208 | 26.12 | 煤矿安全生产监测监控、自动化系统及煤矿安全避险系统等产品 | 中关村高新技术企业 |
| 北京海纳川恒隆汽车转向系统有限公司 | 0 | 347 | 2 | 7.7 | 汽车转向系统 | — |
| 北京海纳川协众汽车空调有限公司 | 0 | 80 | 16 | 4.8 | 汽车空调系统 | — |
| 北京科诺锅炉有限公司 | 1833 | 189 | 78 | 1.9 | 锅炉 | — |

续表 3

| 企业名称 | 工业总产值（万元） | 实缴税费总额（万元） | 从业人员期末人数（人） | 占地面积（公顷） | 产品 | 荣誉 |
|---|---|---|---|---|---|---|
| 北京成名时代家具有限公司 | 2512 | 100 | 117 | 5.7 | 家具 | — |
| 北京大漠石油工程技术有限公司 | 1000 | 65 | 76 | 租 4000 平方米厂房 | 石油化工技术研发、设计、集成、制造、工程服务 | 中关村高新技术企业 |
| 北京市滢涓制衣有限公司 | 1187 | 24 | 30 | 0.69 | 服装 | — |
| 北京朝通票据印务有限公司 | 1152 | 113 | 51 | 2.56（两家企业在一个地块内） | 票据印刷 | — |
| 北京运通恒昌驱动技术有限公司 | 876 | 65 | 32 | 2.082 | 交流伺服控制、永磁同步、直流无刷驱动器等 | — |
| 北京佳珂特控制工程有限公司 | 409 | 21 | 8 | 2.42 | 温度、湿度、压力传感器变送器等 | — |
| 北京凯恩特技术有限公司 | 0 | 10 | 17 | 1.2 | 风机、消音器、电动组合风阀、智能型电动执行机构等 | — |
| 北京特一生物化工有限公司 | 1006 | 7 | 13 | 1.622 | 军用特种润滑油，高性能生物柴油等 | — |

**重点企业**

**北京北汽模塑科技有限公司** 2008 年成立，为北京海纳川汽车部件股份有限公司和江南模塑科技有限公司共同出资建立，股东分别为北京汽车集团与江阴模塑集团。北汽集团拥有四大汽车整厂，海纳川为北汽集团零部件产业平台，拥有与世界 500 强、国内前三强合资合作的 20 多家零部件产业；江南模塑为国内最大的汽车零部件生产基地之一，为扩大北京地区的汽车外饰系统业务，双方强强联合建立北京北汽模塑科技有限公司，总投资 2.5 亿人民币，厂区建立在采育经济开发区北京汽车零部件生产基地，为汽车保险杠、门槛条、防擦条等汽车外饰产品，重点为北京现代汽车有限公司、北汽福田汽车股份有限公司（简称“北汽福田”）、北京奔驰·戴姆勒·克莱斯勒汽车有限公司（简称“北京奔驰”）、北京汽车集团有限公司（简称“北京汽车”）为主的环渤海地区整厂提供高质量、低成本的产品。2016年，工业总产值205796万元，缴纳税费17068万元，员工878人。公司为国家高新技术企业、中关村高新技术企业。

**上海松江埃驰汽车地毯声学元件有限公司** 1997年11月成立，是美国埃驰公司和上海汽车地毯总厂共同出资组建的中外合资企业。主要生产汽车用化纤簇绒地毯、针刺地毯以及隔音垫。2009年，北京分公司落户北京采育经济开发区汽车零部件基地。先进的技术及管理经验，使得北京分公司成为上海通用、北京奔驰汽车地毯、行李箱和衣帽架的主要供应商。同时，还为上海大众、东风日产、上海汽车、北京汽车、一汽奥迪、安徽奇瑞等汽车公司提供地毯。2016年，实现全年工业总产值14820万元，缴纳税费1227万元，员工97人。

**北京李尔汽车电子电器有限公司** 2008年成立，简称"北京李尔"，是由北京海纳川汽车部件股份有限公司与美国李尔公司共同投资1000万美元成立的中外合资企业。主要从事设计、研发、生产和销售汽车线束产品，线束产品涉及包含发电机线束、中控线束、地板线束和其他关联线束在内的全套线束。企业落户在北京大兴区采育汽车零部件基地，在册员工1500名，年产能40万台车，公司主要为北京现代、北京汽车、北汽福田、康明斯供应汽车线束产品。该公司在册专业设计师40余名，工厂内部配备先进作业设备。2016年，工业总产值80902万元，缴纳税费4554万元，员工2183人。

**北京海纳川航盛汽车电子有限公司** 2010年成立，简称"海纳川航盛"，由北京汽车集团北京海纳川汽车部件股份有限公司和深圳市航盛电子股份有限公司共同出资组建。海纳川航盛是国内一流汽车电子产品供应商和物联网车载信息服务运营商。公司主要为北京现代、北汽股份、北汽福田等客户配套汽车信息娱乐系统、TPMS胎压系统、后视及360° 全景系统、扬声器、空调控制器、空气净化器、数字仪表等电子及控制类产品，已通过ISO9000质量管理体系认证、高新技术企业认证、软件企业认证及北汽集团"职工创新工作室"认证。2016年，工业总产值33061万元，缴纳税费292万元，员工50人，被评定为国家高新技术企业。

**北京江森汽车内饰科技有限公司** 2002年成立，为北京海纳川汽车部件股份有限公司、北京北汽光华汽车部件有限公司、江森自控汽车内饰投资有限公司三家合资注册。主要生产汽车内饰、门板等，总投资3.6亿元，厂房内布置6条生产线、重达2700吨注塑机的注塑车间、恒温恒湿车间、成品库、员工餐厅、办公室以及仓储、附属设置等。2016年，工业总产值60936万元，缴纳税费3749万元，员工678人。

**北京海纳川长鹏汽车部件有限公司** 2011 年 6 月成立，由北京海纳川汽车部件股份有限公司与重庆长鹏实业（集团）有限公司共同投资组建。该公司从事汽车顶篷、地毯、隔音、隔热垫等汽车内饰产品研发及生产，并为各主机厂提供专业的 NVH 系统解决方案。客户包括北京汽车集团、长安集团、长安汽车、华泰汽车等。2014 年落户北京采育经济开发区。2016 年，工业总产值 13440 万元，缴纳税费 987 万元，员工 245 人。被评定为国家高新技术企业。

**北京亚太汽车底盘系统有限公司** 2007 年 12 月成立，总投资 2 亿元，建筑面积 49258 平方米。主要生产经营鼓式制动器、汽车踏板总成、真空助力器带制动主缸、各类车桥、副车架总成、悬架模块等。2016 年，工业总产值 172267 万元，缴纳税费 917 万元，就业人数 279 人。公司为国家高新技术企业、中关村高新技术企业。

**北京宝丰园钢结构工程有限公司** 1998 年成立。2002 年，总投资 5000 万元在北京大兴采育科技园区建厂，占地 6.67 万平方米，建筑面积 23279 平方米。是一家集设计、制造、安装于一体的大型彩钢和钢结构集团。公司下设宝丰压型板厂、轻钢结构厂、保温板厂、泡沫厂、工程安装公司等，主要生产彩钢保温板、金属压型板。2006 年，资产总额 6020 万元，利润 990 万元，税金 45 万元。公司拥有国内一流的钢结构和彩钢压型板生产线、三维数控彩钢保温板生产线、20 条数控切割生产线、4 条先进的数控焊接 H 型钢生产线、4 条 CZ 型钢生产线。钢结构产品全部采用国内外知名厂家的优质钢材。产品销售遍布全国各地及哥伦比亚、迪拜、伊拉克、土耳其、委内瑞拉等国家和地区。2016 年，工业总产值 13724 万元，缴纳税费 248 万元，员工 200 人。被评定为国家高新技术企业、中关村高新技术企业。

**北京维冠机电有限责任公司** 1997 年成立，2004 年，迁入北京大兴采育科技园区。建筑面积 1 万平方米，资产总额 1900 万元。公司 20 多台数控机床加工设备及先进的喷涂生产设备由德国、日本、意大利引进，建有钣金加工生产线，是从事标准非标准室内外机箱、机柜和地铁检票售票设备、通信基站配套设备设计、加工、制造的专业厂家。产品已在电力、电气、网络通信、大型交换机房等场所得到广泛应用。2003 年，通过两项国际标准认证。2016 年，工业总产值 32983 万元，缴纳税费 419 万元，员工 306 人。公司为国家高新技术企业、中关村高新技术企业。

**煤炭科学技术研究院有限公司北京分公司煤科院采育园区** 该公司位于北京采育经济开发区育隆大街。2009 年 10 月奠基，2012 年 7 月一期工程建成并投入使用。主要经营煤炭产品的质量检验，销售矿山机械、电器产品、仪器仪表、化工产品，计算机软硬件技术开发，自动控制集成技术开发，国内展览展示，货物进出口、煤矿安全生产监测监控、自动化系统及煤矿安全避险系统等产品。2016 年，工业总产值 21012 万元，缴纳税费 96 万元，就业人数 208 人。

## 新能源汽车产业

北京汽车工业有 50 多年的历史，有着良好的汽车工业基础。“十五”以来，北京现代、北京奔驰、北汽福田、北京汽车等汽车整车制造企业的发展，形成轿车、商用车、越野车“三大板块”的格局，北京汽车工业呈现良好的发展后劲。根据行业经验，整车产值的 60% ~ 70% 是零部件产值。北京汽车工业发展规划为零部件产业提供了 900 亿元以上的市场空间，为零部件产业的发展提供了坚实的市场基础。

北京采育经济开发区位于北京市东南部，环渤海经济圈的核心地带，周边分布着北京、天津、沈阳、保定等中国汽车产业集聚区，京津塘高速公路和 104 国道连接北京和天津，是北京通往出海口的便捷通道。北京采育经济开发区区位优越，交通便利，设施齐备，是发展汽车零部件产业，建设北京汽车零部件产业基地的首选之地。

汽车组装流水线全景（2016 年）

在采育镇政府的扶持下，北京采育经济开发区成为以发展汽车零部件产业为主导的市级工业开发区，北京市重点建设的北京汽车生产基地零部件园区。北京新能源汽车科技产业园、北京新能源汽车有限公司以其独特的创新技术成果，成为采育镇经济发展中的一大亮点。

2009 年 11 月，国内最大的新能源汽车生产基地——北京新能源汽车科技产业园成立。园区有集零部件生产、整车车间、研发试验、物流于一体的北汽新能源有限公司（简称“北汽新能源”），主要生产蓄电池的北京普莱德新能源电池科技有限公司（简称“北京普莱德”）和以生产电机为主的北汽大洋电机科技有限公司等相关企业。

2010 年，北京新能源汽车科技产业园加大电池、电机、电控三大核心技术研发应用企业的引入，重点推动新能源汽车关键零部件“三小电”（汽车充电器、电辅助转向、电空调）技术研究与应用的招商力度，逐步形成完整的新能源汽车产业链。“北汽新能源”从项目落地到产品研发与生产、技术累积、质量控制、售后服务等各个方面，结合自身优势，走出一条独特的创新发展之路。2016 年，北汽新能源的销售业绩在中国纯电动汽车市场排名第一。

**重点企业**

**北京汽车新能源汽车有限公司** 2009 年 11 月 14 日成立，为北京汽车股份有限公司出资组建的国有全资子公司，简称“北汽新能源”。经营范围覆盖纯电动乘用车、混合动力汽车与核心零部件的研发、生产、销售和服务，同时还进行配套充电系统、电池更换系统等装置的研发、生产和销售。经营范围覆盖纯电动乘用车、混合动力汽车与核心

北京汽车新能源汽车有限公司（2016 年）

合作共建北京汽车零部件产业基地签约仪式（2010 年）

新能源汽车配套厂剪影（2016年）

零部件的研发、生产、销售和服务，同时还进行配套充电系统、电池更换系统等装置的研发、生产和销售。2016年，公司已经掌握国内领先的整车系统集成与匹配、整车控制系统、电驱动系统三大关键核心技术，构建三大主干业务，开发出多系列纯电动乘用车产品，多款混合动力产品以及关键零部件产品。

**北京普莱德新能源电池科技有限公司** 2009年11月成立，为一家新能源电池系统方案供应商，是由北大先行科技产业有限公司（电池关键材料）、东莞新能源科技有限公司（电芯）、北京汽车工业控股有限公司（汽车）和北汽福田汽车股份有限公司（汽车）共同出资组建的电动汽车产业链核心技术领先企业。2010年7月，公司与国家电网公司建立战略合作伙伴关系，同时与行业内多家技术领先的厂商合作，共同推进新能源产业的发展。2016年，公司员工80%以上拥有学士以上学位。是年，公司获得4项国家专利。

**北汽大洋电机科技有限公司** 2011年7月成立，由北京汽车新能源汽车有限公司与中山大洋电机股份有限公司合资创建。其是借助北京汽车工业集团的新能源汽车技术研发、资源集约、产业整合的项目管理平台，结合大洋电机国内领先的专业化电机研发制造能力，进行电动汽车驱动系统和整车控制系统研发及生产制造的领军企业。2016年，公司员工总数45人，实缴税费总额12万元，完成工业总产值415万元。

**主要产品**

北汽新能源以客户需求为导向，贯彻“大、中、小”、“高、中、低”、“345”产品战略，开发出多款纯电动乘用车，产品覆盖A00级、A0级、A级、B级及微型客车、微型货车、SUV 等，是国内产品线较为丰富的新能源汽车企业。

**纯电动轿车 E150EV** 为国内销量排名第一的纯电动车型。其主要产品包括 EH、EU、EX、EV、EC 五大系列车型十余款纯电动乘用车。2016 年，北汽新能源又推出 ARCFOX 高端品牌，成为国内首家在新能源汽车领域实现双品牌的企业。

**北汽新能源 EC180** 全新纯电动车型——EC180。一款纯电动微型车，最大续航里程为 180 千米（NEDC 工况续航里程为 156 千米）。动力方面，搭载一台最大功率 41 马力、峰值扭矩 140 牛 / 米的电动机，电力来自于一套容量为 20.3 千米 / 小时的电池组。最高时速超过 100 千米 / 小时。双色车身设计搭配黑色的轮眉、小包围以及车顶行李架，营造出一些跨界风格。

**北汽新能源 E150EV** 纯电动低耗能轿车。最高时速 120 千米 / 小时，续驶里程约 150 ~ 200 千米。拥有科技智能化配置、丰富的娱乐系统、BOSCHABS+EBD9.0 系统以及五星安全保障。

**北汽新能源 EV160** 适合城区普通家庭使用的精品自主 A0 级轿车。垂直换代车型，电池蓄电量为 25.6 度，续航里程超过 160 千米，经济时速下，续航里程可达到 200 千米。搭载北汽新能源自主研发的高性能轻量化永磁同步电机，最大功率 53 千瓦，0 ~ 50 千米 / 小时加速时间仅为 5.3 秒，最高车速为 125 千米 / 小时。

**北汽新能源 EV200** 纯电动汽车，是一款集动感时尚、超强性能、科技配置、贴身安全、健康环保五大亮点于一体的一款精品自主 A0 级轿车。综合路况下续航可超 200 千米，经济时速下续航可达 260 千米。

**北汽新能源 EU260A** 通过对控制系统的集成化、智能化设计和科学管理，车辆综合续航里程长达 260 千米，最大扭矩 260 牛 / 米，从起步加速到 50 千米 / 小时仅需要 4 秒，在 9 秒即可完成 0 ~ 100 千米 / 小时加速。借助快充技术，可在 30 分钟内补充 80% 的电量，出众的性能足以满足日常出行需求。

**北汽新能源 EU400** 一次充电，60 千米 / 小时等速续航里程超过 460 千米，充电 80% 可跑 360 千米，超越大多数车型。年维护保养费用 440 元，仅是同级别汽油车的 1/3。

**北汽新能源 ES210** 纯电动汽车。该产品为 2014 年 APEC 会议官方指定唯一纯电动轿车，2014 年国际电动方程式锦标赛北京站赛事指定工作用车。获 2014 年首届环青海湖（国际）电动汽车挑战赛车手推荐奖、最佳科技设计奖、最佳静音效果奖和最佳操控性能奖。

**北汽新能源 C70GB** 纯电动轿车搭载锂离子动力电池、永磁同步电机，并匹配电动汽车特有的单挡减速器，依靠电子控制实现无级变速，打造高效、可靠的电驱动系统，为整车带来优异的动力性、安全性与舒适性。车辆定位于北京市政府公务及商务电动用车，车辆拥有高质量、高品质基础平台，优良的电力驱动特性及整车操控特性，满足城市日常使用的续驶里程。

**北汽新能源威旺 306EV** 一款纯电动微型面包车，具有零排放、零污染的特点。在整体设计方面取国内众多微型面包车厂家之所长，在整体配置方面更有明显的优势。在同级别微型面包车中内饰空间宽敞，载货空间达 5.01 立方米。威旺 306EV 是邮政和物流公司理想的小件快递物流车辆，也可作为政府部门的后勤保障运输车辆。

**北汽新能源 EH300** 北汽新能源率先推出具有豪华 B 级车宽敞空间及舒适驾乘体验的 EH300 车型。EH300 一次充电后，每小时 60 千米等速续航里程超过 380 千米，领航绿色纯电出行。

**北汽新能源 EC200** 续航长：一次充电，每小时 60 千米等速续航里程超过 200 千米，综合工况续航里程达到 162 千米。充电快：快充 36 分钟，电量可从 30% 充至 80%，续航里程可实现最大 160 千米。能量久：采用智能制动能量回收系统，续航增加 10%，可行驶 15 ～ 20 千米。起步稳：旋钮式电子换挡，4 挡智能控制行车稳起步快。操控棒：首款正向研发纯电动汽车专业底盘，转向性、操稳性大幅提升，灵活自如轻松驾驭。

### 技术创新

**技术研发** 2009 年，北汽新能源成立即拥有自己的研发机构。2013 年以来，北京汽车集团先后控股特斯拉 ModelS 的美国硅谷公司 Atieva，与同为世界 500 强企业的德国西门子公司合资合作，为北汽新能源纯电动轿车进行设计开发和生产配套，大力推进技术研发。北汽新能源具备新能源汽车自主开发能力，掌握动力电池、电机、电控三大核心技术和整车集成的关键技术。在电池技术领域，北汽新能源联合国内领先的普莱德电池和大洋电机，进行纯电动汽车零部件配套。到 2016 年，逐步形成以北汽新能源汽车工程研究院为中心层、以海外研发中心为前沿层、以北汽新能源生产基地为应用层、以高等院校为研究层的研发生态体系。其中，美国硅谷、德国亚琛、美国底特律、西班牙巴塞罗那、德国德累斯顿、日本东京和意大利都灵五国七地雄厚的研发中心，为北汽新能源技术持续领先提供源源不断的支持。

**专利** 2009年北汽新能源成立后，就把专利发明作为创新技术的一项重要工作。到2016年，北汽新能源汽车公司共有399项专利申请授权，其中，发明27项，实用新型344项，外观设计28项。

**企业标准** 2009年北汽新能源成立后，就制定了较为完善的企业标准。到2016年，北汽新能源共拥有企业标准600多项，其中，设计标准129项，零部件标准123项，基础通用标准105项，试验标准196项，仿真分析标准77项。

**科研团队** 2009年，北汽新能源成立伊始就建立了独立的北京新能源汽车工程研究院，专门负责能源汽车工程的各项研究。该工程研究院注重协同创新能力建设：加强与高校、专家合作，通过产学研合作，促进核心技术掌控及人才培养。成立新能源技术联合研发郭孔辉院士工作室；加强产学研合作，与北京理工大学、北京交通大学等建立研究生联合培养机制；为北京电动车辆协同创新中心平台协同单位；在公司内部成立尹颖创新工作室、张洪超创新工作室（国务院政府特殊津贴）的创新团队，鼓励员工创新探索，进步成长。2015年，该工程研究院被评为北京市市级企业技术中心。

至2016年年末，北京新能源汽车工程研究院下设16个部2个中心；研发人员920人，其中，硕士以上高级人才240多人，并有出国留学归来人员、博士40余人。形成高级人才团队，专家成员31人，其中，内部专家12人、外聘专家19人。研发领域覆盖新能源汽车“三大电、三小电、轻量化、车联网”等新能源汽车各个领域。

**主要成果** 2012年，北汽新能源汽车北京实验室在北京理工大学授牌，为北京市教委认定的首个北京实验室，获北京市科学技术委员会颁发的“科技周突出贡献奖”。2013年，北京市科学技术委员会、北京市科学技术协会认定新能源汽车北京实验室为“北京市科普基地”。2014年，北京市科学技术委员会认定新能源汽车北京实验室为“国际科技合作基地”“开放单位”。北汽新能源汽车获中国品牌节组委会颁发的“最佳节能环保奖”等。2015年，获中国汽车工程学会科技奖励工作委员会颁发的“中国汽车工业科学技术奖”，成为北京汽车经济研究会理事单位。2016年，获机械工业经济管理研究院、中国制造业上市公司价值创造论坛颁发的“分享经济创新价值奖”，中国能源经济研究院、中国能源报社颁发的“共享低碳出行先锋企业”等多项荣誉。

2015—2016年，北汽新能源EV160连续两年获中国新能源车用户满意度第一名，EV200荣获2015中国年度绿色汽车大奖。

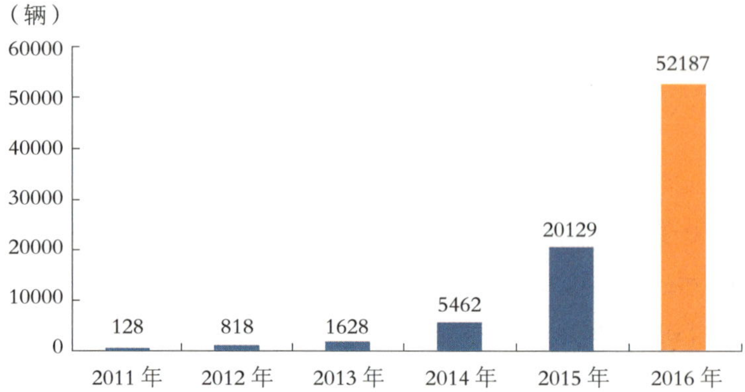


图 1 2011—2016 年北汽新能源车年销量示意图

## 产业效益

**销售额** 北汽新能源自 2010 年 12 月首批纯电动轿车下线，已经成为国内纯电动车领域销量领先的汽车企业之一。其中，2012 年销售汽车 818 辆，2013 年销售 1628 辆，同比增长 99%；2014 年销售 5462 辆，同比增长 236%；2015 年销售 20129 辆，同比增长 269%；2016 年销售 52187 辆，同比增长 159%。北汽新能源连续 4 年蝉联国内纯电动汽车市场销量冠军，并获得“2015 中国杰出营销大奖”。

**效益** 2016 年年末，北京新能源汽车科技产业园规模以上工业企业完成工业总产值 129.1 亿元，占采育镇规模以上工业企业总产值的 93.7%。

表 4

2010—2016 年采育镇部分企业经济指标及就业人数一览表

| 年份 | 北汽新能源 | | | 北京普莱德 | | | 大洋电机 | | |
|---|---|---|---|---|---|---|---|---|---|
| | 工业产值（万元） | 缴纳税费（万元） | 就业人员（人） | 工业产值（万元） | 缴纳税费（万元） | 就业人员（人） | 工业产值（万元） | 缴纳税费（万元） | 就业人员（人） |
| 2010 | 846 | 64 | 152 | 237 | 1 | 164 | — | — | — |
| 2011 | — | — | — | 10053 | 8 | 193 | — | — | — |
| 2012 | 25236 | 730.8 | 468 | 24436 | 0 | 194 | 2000 | 0 | 38 |
| 2013 | 23875 | 2203.3 | 525 | 14532 | 0 | 187 | 2529 | 0 | 187 |
| 2014 | 90765 | 1821 | 902 | 30056 | 37.3 | 191 | 6520 | 0 | 63 |
| 2015 | 276342 | 244.8 | 1322 | 116461 | 2200 | 278 | 13083 | 5 | 59 |
| 2016 | 170585.46 | 6629 | 2025 | 410002 | 16579 | 846 | 415 | 12 | 45 |

# 文物胜迹

作为千年古镇，采育历史文化积淀深厚，文物遗址遗迹众多。三桥、四门、五台、八庙、七十二连营的五大名胜，一砖一瓦，记录着时代的变迁；大堤椿树、五孔石桥、晨钟暮鼓、文昌高阁、三山一井、倒座观音庙、古寺石佛、魁星高照等八处景点，一点一滴，都是文化的印记；古街古道、庙宇庵寺、古树名木以及聚落遗址，都在诉说着采育的历史故事……

## 五大名胜

**三桥**　在采育境域的北边、西边和南边各建有一座大桥，分别是北大桥、西大桥、南大桥。这三座大桥都是明代时建造的，为石柱墩拱桥。这三座大桥，在每座桥的两侧及桥梁、桥墩处都雕刻有形态各异的纹饰。这些纹饰造型优美，曲线圆润，富有动态感。在这三座大桥中，南大桥为五孔石桥，最为壮观。截至2016年，这三座大桥的遗址遗迹均在。

**四门**　明天启四年（1624），为防盗，官府出资在采育周围建起一道高高的土围墙，并在4个方位分别建东、西、南、北城门。这些城门都是上下两层门楼。其中，南门里面还有二道门，也称“二南门”。东、西、南、北四座城门各建有两座庙。中华人民共和国成立前，采育镇5座城门和庙宇大多被损毁。

**五台**　明清时期，采育古镇西南约两千米凤河沿岸，依次坐落着陈台、李台（铜台）、铁台（东北台）、冯台（西北台）和贾台5个自然村，合称“五台”。这5个自然村均以姓氏和“台”字组合，缘于用石块砌起的一座座烽火台。五台中以铁台最为

五台纪念石碑（2006年）

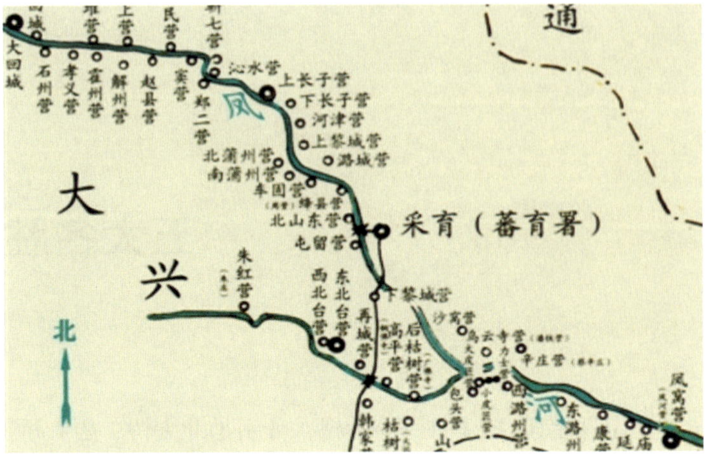

七十二连营示意图

出名。据《北京市大兴县地名志》记载：此地有一处明代冶铁遗址，村南有一座用铁铸造的桥梁。明崇祯年间（1628—1644），此处设有炼铁炉铸铁。因此，该处地名曾为铁匠营，后改称铁台。

**八庙** 原采育东、西、南、北 4 个城门，每座城门的门里门外各建有 1 座庙。东门内建有文庙，门外建有药王庙；西门内建有天齐庙，门外建有灶君庙；南门内建有娘娘庙，门外建有菩萨庙；北门内建有关帝庙，门外建有真武庙；俗称“八庙”。

**七十二连营** 清康熙二十三年（1684），以采育古镇为中心，沿凤河两岸，全长二十余千米，有 72 个自然村，都以“× × 营”为名，统称七十二连营。营即营汛，指军队戍防地（也指戍防军队），后演变为民居村落。

## 八景

采育古镇除有五大名胜外，还有大堤椿树、五孔石桥、晨钟暮鼓、文昌高阁、三山一井、倒座观音庙、古寺石佛、魁星高照八处景点。随着时代变迁，这些名胜古迹大多荡然无存。

**大堤椿树** 采育古镇北门外有一龟尾堤，堤里有道，道里有堤。堤上有 1 棵 3 人合抱粗的大椿树，挺拔耸立，直上蓝天白云间，蔚为壮观，成为古镇近郊一道独特的风景。大堤椿树附近还有大松树、石榴树、榕花树和一棵榆抱槐。

**五孔石桥** 位于古镇采育南门外，跨凤河上。明嘉靖年间（1522—1566），由王守成建造，也叫济公桥。桥基为夯实的三方土（石灰和土的混合物）构筑，桥梁、桥孔、桥栏、桥柱均采用铁制扒钩稳固。大桥四角各有一块巨石，四五米高，名曰：人石、山石、五音石、千姿石，称“四大名山”。桥栏上雕刻卧狮头，栏内的图案为祥云、巨龙腾飞，桥两端有四个桥翘，还立有两个黑红色石碑。整座桥设计科学，美观实用。

**晨钟暮鼓** 采育古镇东门和西门外，分别建有十余米高的钟楼和鼓楼。其悬吊的大钟有两米多高，每天早上 4 点敲钟，紧十八，慢十八，不紧不慢又十八，共敲 54 下，十里（5 千米）地外都能听到钟声。大鼓有两米多高，直径 1.2 米，每天晚上 8 点擂鼓。

**文昌阁** 位于采育古镇东门文庙里，上建一座阁楼，院里有两棵大树遮天蔽日，树下有月牙河，也叫盼池，河上有桥。科举时，凡应试的人都需在这里祈祷，但只有考中的人才有资格跨越此桥，以示荣耀。

**倒座观音庙** 位于采育古镇辛庄营村，坐南朝北。据寺庙正殿大梁上书写有“光绪三年重修”字样推算，该庙建于清康熙年间（1662—1722）或更早。该庙有正殿 3 间，东西长 11 米，南北宽 7.2 米，两侧各有 2 间耳房；东西禅堂各 3 间，禅堂北山各有 1 间配房；正殿对面是 1 间带门楼的韦驮殿，韦驮殿两边各有 1 个侧门。整座观音寺共 16

修缮前的倒座观音庙（2007 年）

修缮后的倒座观音庙（2016 年）

间房，东西长 22 米，南北宽 24 米，占地面积 528 平方米。

正殿中间坐南朝北的是观世音，左右是文殊、普贤，3 位菩萨均为高 1.5 米的坐姿塑像。塑像后与两山墙是油漆彩画，有梅、兰、竹、菊和典故人物画等；对面的韦驮殿内中间是坐北朝南的韦驮塑像，屏风后是天聋、地哑塑像，四角是风、调、雨、顺四大天王坐像。

中华人民共和国成立初期，该庙建筑成为村政府办公地和小学校所在地；“文化大革命”时期，东西禅堂、韦驮殿被拆掉，只剩下孤零零的正殿。由于年久失修，倒座观音庙的正殿已残破不堪。为保护采育地区仅存的一座庙殿，2008 年 6 月，北京市文物局拨出 33 万元专款，用于倒座观音庙正殿全面整修。

**古寺石佛** 塑于明代，位于采育古镇北门里。该石佛有三尊，均镀金。另有石雕十八罗汉，均有 3 米多高。

**三山井** 采育古镇十字街东路南侧有 1 眼十六七米深的砖井，东、西、南三面都是房屋山墙，故称“三山井”。该井水清甘甜，涌如喷泉，从未干涸，为附近村民饮用水源。旧时，为了能用上“三山井”水，每天从早上 3 点到晚上 10 点，都会有村民排着长队取水。

**魁星高照** 采育古镇东门外建有魁星楼，楼里有 1 座高大塑像，左手执卷，右手握笔，状为金榜题名，象征考中高升。

# 庙宇

明朝以来，采育地区庙宇众多。几乎各个村落都建有庙宇，少则一村一座，多则一村几座。这些庙宇多已损毁，只有少数留存。原采育八庙，到 2016 年年末，药王庙、文庙、关帝庙、灶君庙尚可追踪觅迹，其他 4 座庙已无考。

**药王庙** 位于采育古镇东门外，南向。大殿3间，大式，硬山筒瓦，调大脊吻垂兽，排山滴水，面宽 9.8 米，进深 6.6 米。戏台 3 间，前出轩，大式，歇山箍头脊筒瓦，面宽 7 米，进深 5.2 米。后殿，大式，硬山筒瓦，调大脊吻垂兽，排山滴水，面宽 10 米，进深 5 米。中华民国前期，据《京兆公报》第一二三期载："药王庙改为采育第二国民学校。"

**文庙** 位于采育古镇东门里，南向。大殿 3 间，大式，硬山筒瓦，调大脊吻垂兽，排山滴水，面宽 9.6 米，进深 6 米。后殿 3 间，小式，硬山筒瓦，箍头脊，排山滴水，面宽 9.6 米，进深 4 米。山门，硬山筒瓦，调大脊吻垂兽，排山滴水，面宽 3.4 米，进深 1.2 米。另有小山门、旁门，抱鼓石 1 对，高 0.6 米。文庙"文化大革命"期间被毁。

**关帝庙** 位于采育古镇北门里，南向。大殿5间，大式，硬山筒瓦，调大脊吻垂兽，排山滴水，和玺彩画，面宽 15 米，进深 10 米；中间勾连搭，大式，硬山筒瓦箍头脊垂兽，排山滴水；前出轩，面宽 12 米，进深 10 米。后有东西配殿，小式，硬山合瓦，调大脊兽头，面宽 9.2 米，进深 5.2 米。中殿 3 间，前带月台，面宽 8 米，进深 4 米。前殿 3 间，大式，硬山筒瓦，箍头脊吻垂兽，排山滴水，面宽 10 米，进深 5 米。山门二，小式，面宽 2.2 米，进深 2 米。有"重修关帝庙碑"，明正德十年（1515）立。中华人民共和国成立前已损毁。

**灶君庙** 位于采育古镇西门外，南向。后殿，硬山筒瓦，箍头脊垂兽带五小兽，大式 3 间，面宽 10.6 米，进深 7.2 米；带东西耳房，面宽 4.5 米，进深 4 米。前殿，大式三间，面宽 9.6 米，进深 5.8 米。东西配房，后院 5 间，面宽 15.8 米，进深 4.5 米；前院 3 间，面宽 7.6 米，进深 4 米，均为箍头脊，旋子彩绘。山门，面宽 2.6 米，进深 1.6 米。有云头式铁磬 1 个。中华民国前期，据《京兆公报》第一二三期载："灶君庙改建采育第一国民学校、高等小学校。"

**双关庙** 位于采育古镇北山东营，南向。大殿 3 间，大式，硬山筒瓦，调大脊吻垂兽，排山滴水，五架梁，前后单步梁，面宽 9.5 米，进深 5 米。前殿 3 间，大式，硬山筒瓦，箍头脊吻垂兽，排山滴水，五架梁，前后单步梁，面宽 8.8 米，进深 5.2 米。山门，硬山筒瓦，清水脊，面宽 2 米，进深 1.5 米。

**天仙娘娘庙** 位于采育古镇南辛店村，南向。四合式两层，前戏楼一座。山门 1 间，面阔 4.2 米，进深 2.1 米，硬山筒瓦，调大脊吻垂兽戗脊兽，排山滴水，下为拔圈门。两侧各穿门一，面阔 2.6 米，进深 1.3 米，硬山筒瓦，调大脊吻垂兽。前殿三间，面阔 12.4 米，勾连搭式，前为大式，硬山筒瓦，箍头脊垂兽，后为调大脊吻垂兽，排山滴水，苏式雀彩。殿前有月台。前殿两侧有偏殿各 1 间，面阔 5.7 米，进深 5.3 米，小式，硬山筒瓦，调大脊吻垂兽。后殿 5 间，面阔 17 米，进深 12 米，大式，硬山筒瓦，调大脊吻垂兽，排山滴水，旋子彩画，内为五架梁，前出廊。前东西配殿各 5 间，面阔 15 米，进深 3.6 米，小式，硬山筒瓦箍头脊垂兽，排山滴水。后东西配殿各 2 间，面阔 10.4 米，进深 5.6 米，小式，硬山筒瓦顶。戏楼为勾连搭 3 间，面阔 9.8 米，进深 11 米，前为大式硬山筒瓦，箍头脊垂兽；后为调大脊吻垂兽，排山滴水；两山为花墙，旋子彩画；前出廊，檐柱 4 根，柱上为倒挂楣子。有碑一座，汉白玉制，高 2.1 米，宽 0.7 米，厚 0.2 米，额云纹刻"永垂不朽"，阴面刻"万古流芳"，无座。铁磬二：一为高 0.55 米，口径 0.6 米，铸"清道光顺天府通州东安县南辛店合村献"；一为小磬，高 0.35 米，口径 0.42 米，无文字。

**娘娘庙** 位于采育镇大黑垡村，南向。存正殿 3 间，大式，硬山筒瓦，箍头脊，排山滴水，旋子彩画，方格门窗、五架梁，前后单步梁，出廊。殿明间上额悬刻有"光绪十四年四月立，宜尔子孙"木匾 1 块。清宣统年间（1909—1911）重修。中华民国前期，据《京兆公报》第一二三期载："娘娘庙改建为采育第四国民学校"。

## 庵寺

**义犬庵** 该寺建于明万历年间（1573—1620），位于采育境内，具体位置不详，现无遗址可寻。《钦定日下旧闻考》载："义犬庵在蕃育署。"明万历年间（1573—1620），庵中的大狗追咬邻居家的鸡。邻居因为这个事责怪主僧宗住管教不严。宗住将大狗拉到佛像前鞭打管教。过了几天，大狗又去追咬邻居家的鸡。宗住将大狗绑缚，要把它送到屠宰的地方。大狗阻止宗住，乞求宽恕。宗住说你要是能改过，还可以饶恕。宗住用石头垒成高不到 1 尺（约 33 厘米）的圆圈，将大狗圈禁其中，大狗蜷缩在里面，不出来吃食，躲避荤腥。第二天，大狗到佛像前，俯首像是顶礼。宗住知道它要死了，诵涅槃经送它。大狗死后，人们念大狗知错能改，将此庵称为义犬庵。

**石佛寺** 位于采育镇北门里，南向。该寺大殿 3 间，大式，硬山筒瓦，调大脊吻垂兽，排山滴水，面宽 15 米，进深 11 米。东西配殿各 3 间，小式，硬山合瓦，调大脊吻垂兽，排山滴水，面宽 10 米，进深 6.8 米。前殿，大式，硬山筒瓦，箍头脊垂兽，排山滴水，面宽 11 米，进深 6.2 米。有镀金石佛三尊，东通关帝庙成一院。中华民国前期，据《京兆公报》第一二三期载："在石佛寺办有采育第三国民学校。"该寺"文化大革命"时期拆毁。

位于采育镇西营一村的清真寺（2016 年）

**清真寺** 该寺原位于采育古镇凤河之东（采育镇西营一村北部凤河东侧）。1941 年《华北宗教年鉴》载"采育镇有清真寺"，即为此寺。具体建筑年代已无考，据推算至少有 200 多年的历史。该寺年久失修，1976 年采育受地震之灾，其在地震中颓毁。1989 年，在采育镇西营一村凤河西侧择地重建。重建后的清真寺占地面积近900平方米，教堂门外有翠柏两棵。每逢开斋节，从北京牛街、廊坊指挥营、通州等地前来礼拜者，通常有百余人之多。

# 古树名木

**国槐** 2016年年末，采育尚有古槐树7棵。其中，树龄300年以上的4棵，为北京市一级保护林木；200年以上的2棵，170年的1棵，为北京市二级保护林木。

采育镇北营陶家房边古槐（2016年）

2016 年采育镇古槐树分布情况表

表 5

| 所在地 | 树种 | 树龄 | 级别 | 胸径（厘米） | 树高（米） | 生长环境 | 管护单位 |
|---|---|---|---|---|---|---|---|
| 广佛寺村 | 国槐 | 170 | 二级 | 59.5 | 15.5 | 广佛寺村中街道上 | 广佛寺村村委会 |
| 大黑垡村 | 国槐 | 321 | 一级 | 127 | 11 | 采育镇大黑垡村村边 | 大黑垡村村委会 |
| 北辛店村 | 国槐 | 225 | 二级 | 73 | 10.5 | 北辛店村委会院内 | 北辛店村村委会 |
| 张各庄村 | 国槐 | 321 | 一级 | 74 | 10.6 | 张各庄村路中 | 张各庄村村委会 |
| 张各庄村 | 国槐 | 321 | 一级 | 70 | 10 | 张各庄村路西边 | 张各庄村村委会 |
| 屯留营村 | 国槐 | 220 | 二级 | 93 | 10 | 屯留营村中街道上 | 屯留营村村委会 |
| 采育经济开发区 | 国槐 | 321 | 一级 | 84 | 12 | （原）北营村 | 兴创公司 |

**银杏**　2016 年年末，采育镇域内尚存树龄 321 年的北京市一级保护林木银杏 1 棵。该树位于采育镇凤河营村，胸径 0.93 米、树高 17 米，生长在采育镇北京旺英华木业有限公司院内，由凤河营村村委会负责管护。

北京市一级保护林木——银杏（2016 年）

## 遗址遗存

**辽金村落遗址** 1976年，在采育镇下黎城村发现。该遗址位于村南约500米处的岔河河床上，东西延伸长度约200米。遗址南北边缘不清，河床底部及两侧地表下1.5～3米排列有整齐的砖墙和用砖铺设的地面。另外，还有坍塌的屋顶与柴灶、粮食、农具、钱币等物品。

**李氏墓遗址** 位于采育镇北门外西北侧，有东西两处紧邻的李氏古墓。东为翰林墓，有墓基座，其他无；西侧为清墓，曾被盗过，墓碑等石刻已经被毁。1984年，大兴县文物所在西墓出土一方墓碑，载有墓主系清顺治时期（1644—1661）监察御使李公远和夫人周氏及其家族相关生平：清顺治五年（1648），李公远担任福建道监察御使，顺治十一年（1654）卒，享年41岁，葬于祖茔之侧。碑文还记载明永乐年间（1403—1424），李公远先祖从山东济南新城迁徙采育（隶属上林苑监蕃育署）、祖父道宁官至武略将军、父世茂官至中都留守、长兄若琳官至礼部尚书和次兄若琏官至锦衣卫指挥使以及其家族去世后均葬于此等相关内容。

**大里庄萨公墓** 位于采育镇大里庄村东北100米、南大道约40米处。据墓碑文记载，墓主为清康熙年间（1662—1722）监察御史萨布。墓碑风化严重，碑面斑驳，字迹模糊，但仍能辨出碑阳面满、汉文书写的诰封碑文和碑阴面的落款及日期。碑边缘处刻有12条四爪游龙，双螭首；碑下赑屃风化严重，也仍可辨出闭口而露齿，有喉结，单尾。赑屃下水盘素面无雕饰。

因水盘未动，知此地乃萨布诰封碑原址。此碑额篆较特别，非篆非楷，而以“敕建之宝”印章作碑额，此在京畿清代墓碑中为独特。石碑后面，原址或有石墙或砖墙或月台、宝顶等物，但均无踪迹。

**王守成墓** 位于采育镇南，原古镇五孔桥东侧。墓主为明代官员，字孝卿，号静奄。明弘治九年（1496）出生，正德九年（1514）入侍宫廷。王守成廉洁公正，不贪徇，屡受宠赐。晚年归居蕃育署，为乡民多行义举，乐善好施，尤其在古镇南建四墩五孔石桥，颇得乡民赞誉。明万历八年（1580），王守成因病去世。中华人民共和国成立后，其墓地尚有碑石。"文化大革命"时期，墓被深埋。

**传统老街** 明天启四年（1624），朝廷以蕃育署多盗为由，两次筑土城，并在高大的围墙上建起东、西、南、北四门，采育始为城郭。

采育传统老街形成与古镇同期，南北长约2.5千米，十字街处在镇中心。房屋多为青砖灰瓦，门楼高耸、青砖铺地、木质门窗、精美浮雕；一般民居则为四合院布局。富有人家建有东、南、西、北多个院落，布局紧凑，院中有院，门内有门。

采育古镇老街两边的房屋多数为一楼一底的木结构建筑，一般为下层作店铺，上层作居室。清至中华民国前期，临街店铺众多，有杂货铺、药铺、布铺、饭店、旅店等大小店铺300多家。每逢大集，采育老街交易频繁，甚为热闹。不仅有境域各村庄民众，而且还吸引远至河北廊坊等地的商户到此交易。中华民国后期，受战乱影响，古街生意开始萧条，店铺逐渐减少。据1939年《河北省大兴县事情》记载：采育古镇各街道有门面的大小店铺128家，其中，比较有影响的有位于十字街路东的乐生当铺、宝善当铺、德合局油面加工店、泰山泉杂货铺以及恒泰祥中药店、广泰成药铺、南山堂中药店等4家药店；位于十字街路西的德祥当铺、宝源成钱铺和恒和号油面杂粮店、同义厚杂货铺、天合成米面杂粮店；位于南门里路西的同义厚杂货铺、福善堂饴糖作坊和宝源当铺等。

采育出土文物（2010年）

采育镇传统老街胡同众多，其中，被南大街截成两段的鞑子胡同最为有名。清初，鞑子胡同设守御、守备，或者都司驻守。清乾隆年间（1736—1795）又设巡检司，驻军多达1800多人。因此，东西鞑子胡同里居户多为年老退役人员及家眷。

中华人民共和国成立前后，采育镇传统老街遭到不同程度损毁，且多有新建混于其中。进入21世纪，随着采育中心小城镇建设需要，恢复传统老街已列入规划，其中，步行街部分南北长850米，东西长45米，占地面积3.8万平方米，建筑面积2万平方米。

**2016年采育镇其他文物遗存一览表**

表6

| 名称 | 朝代 | 位置 | 简况 |
|---|---|---|---|
| 寂照大师塔铭 | 金代 | 下黎城村 | 1987年发现，存大兴区文物所 |
| 石佛寺遗留石刻 | 明代 | 北营村 | 遗留三尊石佛（两尊断头）及重修石佛寺碑等。石佛存于文物部门，石碑则埋入村民冯学中家中和原采育中学地下 |
| 石碑桥 | 明代 | 长子营村 | 因整座桥用十六七块石刻完成，故名。桥面长约6米，宽约4米 |
| 铜佛寺建造碑 | 明代 | 铜佛寺村 | 今藏于村民唐建新家门前 |
| 孙将军墓 | 明代 | 太平庄（施坟） | 已平 |
| 大康营菩萨庙 | 明代 | 大康营村 | 废弃时间不详，该遗址已建成小学校 |
| 白果寺碑 | 明代 | 小康营村北 | 距凤河南岸约100米外，碑南侧有一石龟座 |
| 铜佛寺建造碑 | 明代 | 铜佛寺村 | 今藏于村民唐建新家门前 |
| 三宝古刹碑 | 明代 | 大皮营村 | 中华人民共和国成立后碑已断为两截 |
| 王太监墓 | 明代 | 采育镇村南口 | 墓地原有碑碣，“文化大革命”期间被埋入地下，后墓地被平为耕地 |
| 山西营残庙 | 清代 | 山西营村 | 已拆毁 |
| 沙窝营通明寺 | 清代 | 沙窝营村 | 在旧址基础上重建，作为村委会办公用地 |
| 蔡辛庄观音庙 | 清代 | 蔡辛庄村 | 蔡辛庄村村委会院内 |
| 李公远墓志碑 | 清代 | 周营村北 | 存于大兴区文物所 |

# 风土民情

采育人多为明代山西、山东移民后裔，加上南北通衢客旅往来，使采育在多元文化融合中，形成了独有的风土民情。采育人在生生不息的生产生活中，不仅促进了经济的发展；更将各地民俗与当地风俗融合重组，形成了新的民俗。这些风土民情蕴含着中华民族绵延千古的思想观念、人文精神、道德规范，也融合了独特的地方特色，影响、激励着一代又一代的采育人。

# 习俗

## 生活习俗

*居住* 中华人民共和国成立前后，境域村民住房都是坐北朝南，讲究三合房，小门楼，院子严严紧紧。一般正房“四破五”或五大间，东、西厢房各三间。一部分只有一

采育传统民居（2016 年）

面配房。前脸满窗户，十分明亮。有钱的人家扁砖到顶，没钱的“里生外熟”（墙的表皮贴一层砖）。房顶有上瓦的，有抹灰的，也有极少数砸焦渣或压油毡的。房屋往往一明两暗，有的跨套间，有的跨旁间。明间垒锅台做饭，暗间搭炕住人，东边上住长辈，西间下住晚辈。20 世纪 80 年代，房屋安排多种多样，有的一进门是客厅，东西间是卧室，没有炕只放床，厨房设在东西厢房。有的五间隔断墙都有门，屋屋相通，有客厅，有卧室，有储藏室，厨房单设。有的老年人爱睡热炕，就把炕搭在正房的一头，或把炕搭在厨房，房屋设置五花八门。20 世纪 90 年代后，农村住宅向高、大发展，柱头从 2 米多增加到 3 米，柁长从 6 米增加到 8 米，出廊出厦大瓦房，还有的盖两层小楼。居室装修也越来越讲究。由木门窗到铝合金又发展到塑钢门窗，地面也由水磨石、地板革发展到各式各样的地板砖，甚至大理石。居室结构有大客厅、卧室、厨房、浴室、卫生间，其装修与设置向楼房化发展；屋里的家具至少要上千元一套。至 2016 年，不少村民搬进回迁房、居民新区，空调安装越来越多，村民居住条件越来越好。

**饮食** 中华人民共和国成立前，境域穷苦人家半年糠菜半年粮，中华人民共和国成立后，主食以玉米面、玉米碴为主，磨玉米面时掺少量黄豆，蒸窝头、贴饼子，熬破米碴（小粒玉米碴）粥，吃老咸菜。逢年过节，接待亲友吃馒头、烙饼，炒两三个菜。20 世纪 80—90 年代，生活大大改善，主食以面粉、大米为主，日常吃馒头、烙饼、面条、米饭，有时吃饺子、肉饼等，副食有猪肉、羊肉、鱼、蛋、豆制品和各种蔬菜。一日三餐有稀有干。在口味上，以咸为主，适当地吃些甜味和辣味。在接待亲友时，打破“三八席”为主的老习惯，换上火锅、砂锅、凉菜、热炒。进入 21 世纪，境域村民饮食讲究健康，大肉大鱼很少吃，农家菜受青睐，讲究饮食搭配。

**服饰** 中华人民共和国成立前，穷苦人家穿的是粗布缭衣，黑、蓝、白老三色。衣帽、鞋袜都是自家的手工活。夏季单裤、单褂；春秋夹裤夹袄；冬季棉裤、棉袄；有的还做件大棉袄。只有少数有钱人家和镇上店铺掌柜的穿着绫罗绸缎、长袍短褂，按时更换，佩戴金银首饰。中华人民共和国成立后，村民生活水平提高，改革开放前，因经济条件和布票的限制，农民的服饰比较朴实。改革开放后，村民的物质条件大为改善，市场供应空前充足，采育境域村民四季服装齐全，款式新颖，鞋帽多样，装饰典雅。男人穿西服的逐渐多起来，女人烫发化妆的到处可见，所戴手表、戒指、耳环各式各样。进入 21 世纪，男人着装讲究品牌，女人衣着流行款式新颖。

**出行** 中华人民共和国成立前，境域多为土路，且交通工具少，村民出外主要是步行，有钱人乘轿子或骑马。中华人民共和国成立后，境域各村马车多了起来。20 世纪 60 年代，公社、大队有少量自行车，社员出行主要以独轮车、马车为主，少有自行车。20 世纪 70—80 年代，随着乡域道路的改善，自行车进入平常人家。21 世纪，采育镇 55 个行政村，村村修筑有水泥路或柏油路，分别与镇域公路或镇际公路相通，还有不少村不仅硬化主街道，而且胡同、小巷也都改建成水泥路；黄村至凤河营的 940 路公交车，9 路、5 路私营车，旧宫到后甫的 926 路公交车，亦庄至沙窝店的 32 路，还有途经采育的廊坊至门头沟的长途汽车，每天从早到晚运营不断。至 2016 年，村民生产、买卖大多用小轿车。

### 节日习俗

**春节** 境域村民和北京其他地区一样重视过春节。中华人民共和国成立前，从腊月初八家家吃腊八粥、泡腊八醋开始，过年的气氛就越来越浓了。

腊月二十三，传说是灶王爷上天的日子。傍晚，由男人在家中灶王爷的供案上，摆放香烛、钱粮、关东糖、一碗凉水、一碟草料。关东糖是给灶王爷吃的，吃甜了嘴，到"老天爷"那里汇报时多说些好话，以保全家平安；水和草是给灶王爷所乘神马准备的。点上香以后，口中叨念着"好话多说，不好话少说"的祷词，然后把水泼在地下，将灶王爷画像、对联（"上天言好事、下界保平安"）和钱粮、草料一起焚烧，意思是送灶王爷"上天"。到了大年三十晚上，再把新买的灶王爷画像重新贴好，点上香，上好供，表示灶王爷已经从天上回来了。此习俗 20 世纪 50 年代后基本消失。

腊月二十四，扫房日。这天，家家户户都要把屋里屋外彻底打扫一番，从环境外观上看，就有一个过年的新气象。扫完房之后，各家各户开始抓紧时间准备年货。男主人要赶集上店卖粮食换钱，打酒，买肉，买菜，买佐料，买对子纸、门神、挂钱等等；妇女更忙，忙着发面蒸馒头，糗豆馅包豆馅饽饽，蒸粘糕，炸咯吱盒。条件好的，家里人多的，还要杀猪宰羊、煮猪头、灌下水，绝大多数家庭都要备齐正月初五以前的主食。有的妇女还要熬夜给孩子赶做过年穿的新衣服。改革开放以后，人民的生活水平大大提高了，每天吃的是大米、白面，几乎天天不断肉，过年不觉得怎么新鲜了；再者，每个家庭的成员少了，市场物资供应十分充足，过年吃的、用的随时可以买到，所以备年货的习俗相对淡薄了。

大年三十之前，很多农家的院子里会竖起高高的木杆，名曰灯杆。除夕夜晚，灯杆上挂起各式各样的灯，有玻璃风灯、保险灯、纱罩灯及纸做的灯笼。寓意是为外出的人赶路回家过年指明方向，就好像海港的灯塔为航海的舰船导航一样。

过大年，上午各家各户都要贴好春联、门神、挂钱。门神有三类：第一类是“大门门神”，多贴在整间大门上；第二类是“街门神”，多贴在小街门上；第三类是“房门神”，一般贴在二道门和正房外屋门上。这三类“门神”都是一个白脸，一个黑脸。白脸的贴在左面，是怀抱双锏的秦琼；黑脸的贴在右面，是手持长枪的尉迟恭；如果有后门的，贴的门神是魏徵，用以驱鬼除魔，以保家庭平安。中华人民共和国成立后，贴门神的少了，但贴春联的习俗一直延续。2000 年撤乡建镇后，采育镇党委组织当地的书法名人到村里写春联、送春联，以示春节祝贺。

大年三十中午，各家都制作一年中最为丰盛的午餐。饭前，先祭天地神仙，后祭祖先，燃香点烛，上酒食、荤素供品，全家行跪拜礼。拜罢，再共进午餐。中华人民共和国成立后，祭神的没有了，祭祖先的礼仪也只供不拜简化了。其过程是：把写着“三代宗亲”的红纸牌位在年三十中午前摆好，从三十中午开始，每顿饭要先给祖宗上供，到大年初一下午太阳下山前送出焚烧。整个过程的含义就是接送祖宗回家过年。

采育除夕夜很热闹，每家各个屋里都要点上油灯，从街门到院里都要撒上芝麻秸，走上去咔咔响，名曰“踩岁”。

各家炒花生、瓜子，沏上茶，坐在一起边吃边聊。妇女们则和面、剁馅、包饺子。现在，三十晚上家家守岁、午夜吃饺子、饺子馅里放一个硬币、谁吃着谁有福的习俗没有变；家里长辈要在午夜吃饺子前给小孩压岁钱的习俗没有变，而且压岁钱的数量越来越多，只是晚辈要给长辈磕头拜年的习俗逐渐淡漠了。午夜零点家家放鞭炮的习俗不仅在延续，而且在改革开放人民生活水平提高后，鞭炮的种类更多了，更好看更响了，放鞭炮的时间更长了，年味更浓了。

正月初一，男女老少穿戴整齐，同族小辈自动凑在一起挨家挨户给“当家子”（同氏族）长辈拜年，而且要行跪拜礼；路上第一次碰见的街坊邻居相互作揖道“过年好”。初一上午拜完年，下午就该睡觉休息了。如今，初一拜年的习俗在延续，但磕头作揖的礼节却免了。

正月初二，是回娘家拜年的日子，闺女、女婿带着孩子回娘家。初三以后，其他亲戚、朋友相互拜年看望，一般在正月初六前拜完，最晚不超过正月十五。

中华人民共和国成立后，尤其是改革开放以来，人民生活水平不断提高，农村过年走亲访友带的礼物越来越重，酒席越来越讲究，给孩子的压岁钱越来越多，有些家庭到饭店去待客，人们开各种机动车出门或雇出租车串亲戚习以为常。

正月十四至十六晚上，农村还有散灯花的习俗。村内的灯花，是用红绿丝绵纸浸足了油（花生油或煤油），在街道两边隔两步放一朵灯花，点着后街道呈现出两条长长的火蛇，灯花一闪一闪的非常好看；村外的灯花是用香缠上棉花再浸上油，燃烧的时间更长。有的村还用海笛奏起琴歌，用锣、鼓、镲伴奏，优雅动听。在路旁散灯花的活动叫路灯会。采育镇正月十五的灯节，规模之大，规格之高，景象之壮观是远近闻名的。正月十三起，镇上各商家就开始挂灯。采育五里长街，南边从二南门的南烧锅起，北到北门里的水关止，道东道西并挂两排。红色的大纱灯，有方形的、六棱的、圆形的、菱形的，各式各样；灯笼上画着栩栩如生的人物、战马、山水、花鸟；更让人惊奇的是，灯笼上把《三国演义》《水浒传》《红楼梦》《西游记》《聊斋》等古典名著中的故事情节，用连环画的形式一一展现出来，让人百看不厌，流连忘返。同时，街中心还有几十家卖灯的，有纸灯、纱灯、玻璃灯，各种造型十分美观。每年正月十三到正月二十，连续挂灯八天，每晚观灯的人络绎不绝，街景十分热闹。1956 年实行公私合营后，灯节停办。

**清明节** 中华人民共和国成立前，清明节都要祭祀祖先，大的同姓亲族有祠堂，凡年满 16 周岁的男丁都到祠堂内，由长辈带领祭奠，祭祀礼毕，合族宴饮。或吃大伙，或轮流吃，叫“清明会”，然后清账理财，整顿族规。各家在清明节或清明节的前一天扫墓，人们携酒馔食品、香烛到祖坟前祭拜，同时在坟头上压白纸钱、添土修坟。中华人民共和国成立后，扫墓增添新内容，机关学校等群众团体开展祭扫革命烈士墓活动，以缅怀先烈，进行革命传统教育。

**端午节** 俗称“五单五”。中华人民共和国成立前，家家门上插艾叶，传说有驱瘟逐疫的作用。早晨吃粽子，午餐饮雄黄酒，并用黄酒喷洒墙角、床下，可祛“五毒”（指蝎子、蛇、蜈蚣、壁虎、蟾蜍），寓意消魔除灾。中华人民共和国成立后，境域村民依然重视端午节，各家都会吃粽子。改革开放后，多数村民包粽子的苇叶不用采了，而是直接去商场购买，家家户户愉快过端午。镇村每到端午节，都会举办以包粽子为主题的系列民俗活动，让传统的端午节更加丰富多彩。

**中秋节** 俗称八月节。中华人民共和国成立前，境域村民有拜月的习俗，当日夜晚将桌放在院中，摆上水果、月饼等食品，当明月升起，人们外面摆上酒席，边吃边饮，同时赏月。但也有些贫困户只烙些小糖饼权当月饼。改革开放以后，人民生活水平提高，市场物资供应空前丰盛。虽然中秋月饼多种多样，但人们大都不喜欢吃甜食，小孩也不再盼节，象征性地买些月饼过节或作为礼品送亲友。

**腊八节** 中华人民共和国成立前后，境域村民皆有早晨吃腊八粥的习俗。粥里八样食品，各家大同小异，一般有大米、小米、红薯、红豆、山药豆、花生仁、红枣等，讲究的还有莲子、核桃仁、青红丝等。象征着五谷丰登，庆贺丰收。

**婚嫁习俗**

男婚女嫁，是人生中的头等大事。中华人民共和国成立前，采育境域村民受封建思想的束缚，特别是广大农村，婚姻问题普遍是父母之命、媒妁之言，讲乾坤造化，按八字配偶。

**合婚** 女孩一般在十岁左右就请媒人提亲。一般由男方家长主动向女方攀亲请庚，也有女方家长主动向男方递帖的。庚帖必须是用红纸为书，内容包括女方姓名、生辰八字、干支属相。庚帖通过媒人送到男方，男方接到庚帖，请算命先生合算，有无生辰属相之间的磕碰。如“鸡猴不到头”“白马犯青牛”等。如无禁忌，便将庚帖压在灶神牌位板上放三天，若无不良征兆，即可行定婚礼。

**定婚** 女方同意定婚后，由媒人负责沟通男女双方家长，商定定婚日期、礼品、仪式等相关事宜。一般由男方准备大饼子（一种糕点）30 ~ 50 千克，一刀猪肉（3 千克），一壶酒（3 千克），请人抬着食盒，由媒人带着送到女方家里，名曰“下定礼”。女方用男方送来的大饼子、酒、肉等食品宴请亲友，俗称“吃大饼子”，以期亲友在闺女出嫁时帮籍祝贺。女孩定婚以后，系缨待娶。有的因女方家境贫困或女孩无人照管，得到少许定礼后，便将女孩送到男方，称为“童养媳”；也有的因门当户对，意气相投，在孩子才几岁时，就由双方父母主持定为“娃娃亲”；更有甚者，双方家长指腹为婚，虽为极少数，但也是旧时的一种定婚陋习。

**结婚** 中华人民共和国成立前，境域农村一般习惯早婚，而且想让男孩在 15 岁以前结婚，未婚妻都要比男方大，女子过门后能承担家务。因此，有“女大三，抱金砖”之说。结婚的日期，由媒人负责传达男女双方家长的意见，本着“正月不娶，腊月不定”的原则，先确定哪月结婚，再由男方请人在相隔半个月左右择两个日子，由女方选定其中一个日子。一般为初五、初六，十五、十六，二十五、二十六等带六、带八的吉利日子。单日子女方办事，双日子男方娶亲。

婚期确定好，男方女方分别通知各自的亲戚，分头去做办喜事的准备。在女方办喜事当天，男方要把聘礼送到女方家，叫作“催妆”；催妆即将到来时，女方送嫁妆的也出发了。催妆的礼物一般是斗米、斗面、酒、肉、点心、茶叶、水果、糖果等。女方陪送的嫁妆一般有箱子、被子、衣物、梳妆用品等及“子孙饺”“寿面”等。不论催妆或嫁妆，都要贴上红喜字，送妆的人都要给主家道喜，主家也要给送妆人喜包。当日，男方要亮轿准备迎娶，女方要举办酒席款待亲友。

次日，是男方办喜事，也就是结婚的日子。清早，男方选派男童提着装着“凉水”的铜壶坐着轿子，叫作“压轿”的，同娶亲太太一起去女方娶亲。吃过喜宴，新娘子拜别父母尊长，在兄嫂或叔婶的护送下，穿着嫁衣、蒙着红盖头、翻披着皮袄（以示皮皮实实），坐着轿子随娶亲队伍来到婆家。轿子来到院里，新郎要对着轿子拉弓射箭“消魔”，然后新娘子被搀出轿门，抱宝瓶“过平鞍”“迈火盆”（意在平平安安、红红火火），步入堂屋拜堂。一拜天地、二拜高堂、夫妻对拜，送入洞房。待送亲的宴罢，开始“演礼”，即请亲友长辈受礼。礼毕，乡亲、亲友坐席喝喜酒。晚上，有年轻人、小辈闹洞房。过后，由全科人铺上荷叶被，煮子孙饺子，捞出来给新郎新娘尝尝，并问：“生不生？”新郎新娘一定要答：“生。”被角上预先缝入枣、栗子、花生，寓意就是早立子，生男生女花着生（男孩女孩间隔着生）。

中华人民共和国成立后，颁布婚姻法，实行男女婚姻自由、一夫一妻制。但在境域农村多数还是通过介绍后男女认识，再经过几个月或者更长一些时间的交往，男女双方加深了解，产生爱情，家长也没意见，才确立婚姻关系，此时就由介绍人出面，由男方家长操持吃定婚饭。吃定婚饭时，女方由父母或近亲长辈陪伴到男方家里，男方邀请亲友参加。宴前，由介绍人和男方家长给未过门的媳妇引见亲友长辈行鞠躬礼，各位亲友都掏出礼金回赠。礼金由 20 世纪 80 年代的 5 元、10 元涨到 90 年代的 20 元、30 元，21 世纪已经涨到 50 元、100 元。认亲仪式后设摆酒席，由男方家长选出部分亲友分别陪同女方的父母及姑娘、介绍人坐席，叫作陪席，其余亲友则自愿结桌畅饮。吃定婚饭是一个较大的活动，从某种程度上比领结婚证还要重视。

随着时代发展，结婚礼仪不断简化，如旧时跪拜礼节逐渐改为鞠躬。结婚当天，新郎坐车直接到女方家接新娘，女方亲朋好友带着礼物随着接亲车到新郎家里随往，也即在同一天，女方就把三件大事都办了。不过，娶亲乘坐的交通工具随着经济条件的改善不断升级。中华人民共和国成立后，境域轿子坊停业，娶媳妇改骑马或坐大车；20 世纪 70 年代骑自行车或坐手扶拖拉机；20 世纪 80 年代骑摩托车或坐面包车；20 世纪 90 年代用轿车接亲；21 世纪发展到婚纱摄影、租赁结婚轿车及录像，组成 6 辆、

新式婚礼（2006 年）

8 辆、10 辆，甚至 12 辆不等的接亲车队。

改革开放以后，人民生活水平不断提高，办喜事的席面也越来越讲究。由 20 世纪 80 年代的“二八席”（8 个凉菜、8 个热炒），到 90 年代的“三八席”（8 个凉菜、8 个热炒、8 个热炖），都是以猪肉荤菜为主；90 年代，发展到海鲜、鸡、鱼及多样调味的凉菜大拼盘；21 世纪，专业的厨师班子应运而生，成席、做饭、服务“一条龙”，更加讲究。还有少数人家不收乡亲“份子”钱，在饭店包桌款待亲友。

**回门** 结婚第三天，女方要赶着大车到男方家把闺女、女婿接回与亲友相见，设酒席款待。在太阳下山之前，再将闺女、女婿送回家去。

**瞧九** 结婚第九天为“单九”，第十八天为“双九”。单九和双九，是新娘娘家的亲戚也即凡是愿意和新娘婆家随往的，都要带着果匣到新郎家随九，也就是“瞧九”。

**接正月** 女方家里条件好的要在闺女婚后的第一个正月，把闺女、女婿接过来，好吃、好喝、好招待，住上十天半个月，叫作“接正月”。

**催节** 闺女结婚第一年的八月十五前几天，娘家还要买些肉、果品等礼物，到闺女婆家去“催节”。一是礼节，二是为了闺女在婆家过好中秋节。

**生育习俗**

采育镇境域传统的生育民俗主要有催生、道喜、报喜、3 天吃喜面、7 天吃饺子捏骨缝、12 天小满月、做满月、办百日、办周岁。

**催生** 媳妇怀孕将要分娩的前几天，娘家妈带着鸡蛋、红糖等营养品，看望临近预产期的闺女，叫作“催生”。孩子一出生，接生的“老娘”立即将喜讯告知家里主事人，开头第一句话：“给您道喜，你得了个……”

**报喜** 孩子出生以后，新生儿之父要及时携带礼品到孩子姥姥家报喜。生男生女，礼品摆放的位置是有讲究的。如果姑爷把礼品放在供桌上，姥家就知道生了个外孙子；如果把礼品放在锅台上，就知道生了个外孙女。等岳母向姑爷询问了母子（女）平安后，报喜结束。

**吃喜** 媳妇分娩后3天，产妇娘家带着营养品看望，意为“吃喜面”。

**捏骨缝** 媳妇分娩后7天，娘家亲戚再带着礼物来，吃饺子，意在给产妇捏骨缝。

**满月** 媳妇分娩后12天，大部分亲友带礼物来办小满月；孩子出了满月，再办满月喝喜酒。满月时，产妇娘家妈或嫂子要蒸一满斗馒头给产妇满口。亲戚朋友送面、送布、送小衣服以示祝贺。主人要备酒席热情招待答谢。

**百日** 婴儿诞生百日，娘家亲友前来给孩子做“百岁”，并给孩子戴上“长命百岁”的长命锁。

**周岁** 孩子诞生一周年，娘家亲友携礼物前来祝贺，主人热情款待。中华人民共和国成立后，境地生儿育女的传统习俗延续了十几年，“文化大革命”期间，这些习俗基本中断。改革开放后，人民生活水平提高了，独生子女占绝大多数，家家把生孩子看得很重。孕妇怀孕期间就注重营养，注意休息，妇幼保健工作也做得好。产妇都到医院分娩，不用道喜、报喜等程序，只是办满月喝喜酒、办百日、办周岁的规模和水准越来越高了。

**寿庆习俗** 中华人民共和国成立前，境域官吏豪绅借寿庆勒索村民财物，富有之家借寿庆讲排场讲阔气。普通人家也多有寿庆习俗，只是规模不同，形式简化，一般为50岁以上老人每年一小庆，五十（半百）、六十（花甲）、七十（古稀）、耄耋之年大庆。亲朋好友成群结队到贺，祝寿礼品各色俱全，主人家中设寿堂，张灯结彩，悬老寿星像和亲友送的寿幛、寿联。祝寿时，子孙向寿星行跪拜礼，然后大摆宴席喝寿酒吃寿面。一般家庭，亲属晚辈为表尊老之情，遇老人生日吃顿面条，名曰“长寿面”；五十、六十大寿蒸些寿桃为老人祝寿，老人家的子女备些酒席招待来宾。

中华人民共和国成立后，境域寿庆习俗有所变化，寿庆形式简化，但直系亲属给自家老人祝寿的习俗一直传承了下来。进入21世纪，很多人家在酒店宴请亲朋好友为老人祝寿。

### 建房习俗

**上梁** 中华人民共和国成立前，采育镇农村建房的传统习俗主要是建房前先请风水先生选择房基地，用罗盘定房向，挑选黄道吉日破土动工，择良辰立架上梁。盖房时，亲朋好友要拿着酒、肉等礼品给主人"上梁"。上梁那天，先立架，门框贴上预先准备好的"上梁喜逢黄道日，立柱正遇紫微星"对联，贴上"立柱大吉""安窗大吉""上梁大吉"贴纸。上梁时辰一到，将木匠的斧子、瓦匠的瓦刀放在茶盘里，点上香，上好供，工匠们磕头拜鲁班；木匠把房上的最后一根檩，即外屋居中的脊檩（梁）拉上去钉好，上梁完毕。这时鞭炮齐鸣，瓦木匠给主人道喜，主人把红包赏给瓦木匠头人。然后摆酒席犒劳瓦木匠、帮工的乡亲和款待来上梁的亲友。

**暖房** 新房建成并装修完毕，主人搬进新居，亲朋好友再次带些酒、肉、用具和挑山（对联）等物来"暖房"，主人摆席款待致谢。

中华人民共和国成立后，境域建房中带有迷信色彩的风俗基本消失，但"上梁""暖房"的习俗仍然延续。建房前，申请审批宅基地，而且要把盖房规格预先明示给四邻，征得四邻同意、签字，以求和睦、顺利，再经政府批准后方可动工，这是一种新的习俗。

### 拜师习俗

中华人民共和国成立前，年轻人想学木匠、瓦匠、油匠等手艺，就要拜师。以木匠为例，拜师的礼仪和过程如下。

先物色一位道德高尚、技艺超群的名师。然后托人跟木匠师傅说明拜师的愿望，木匠师傅也要进一步了解投师者的基本情况。一般要求：20岁左右的小伙子，身体健壮，头脑灵活，老实勤快，肯吃苦不惜力，家长也是通情达理过日子的人。通过介绍人来回传话，双方见面交谈都满意，就举行正式的拜师仪式。由徒弟家长摆酒席把介绍人和师傅请过来，席前徒弟要给师傅磕头拜见，同时说："师傅在上，受徒儿一拜。今后请师父严加指教。"师傅当着徒弟及家长面陈述：学徒，不但要学木匠手艺，而且要学做人；要吃苦耐劳，听话守规矩，把师傅当父辈一样尊敬，即师徒如父子；干活要踏实，出工伤师傅不负责；为人要忠厚老实，出意外事故与师傅无关；学徒三年期间不给工钱，义务为师傅效力。然后入席，徒弟及家长向师傅、介绍人敬酒表示感谢。

**学徒** 正式拜师后，师徒关系公开。过去木匠不是常年有活，一般是在春初、秋末、冬季出去做活。但只要是出去做活，师傅就要带着徒弟，从拉大锯的粗重活做起，逐渐到拉小锯、凿眼、刨活、画线等细活。

学徒期间，徒弟和师傅一起吃饭，徒弟要给师傅吃一碗盛一碗，喝一杯斟一杯，但师傅只要一撂筷子徒弟也就不能再吃了。日常做活，师傅说什么，徒弟必须无条件服从。逢年过节，徒弟还必须给师傅送礼拜望。

学徒期满后，师傅送一套木匠工具给徒弟。此后，徒弟可以继续和师傅一起干活，也可以到别处干，师傅不限制。但是，每逢年节徒弟还要拿着礼物看望师傅，以不忘师傅授业之恩。瓦匠、油匠及其他行业拜师礼仪也大致如此。中华人民共和国成立后，此习俗一直延续。改革开放后，拜师习俗逐渐淡化。

**丧葬习俗**

中华人民共和国成立前，境域村民丧葬习俗由于受封建礼教和家庭贫富条件所制约，习俗不尽相同，差距较大。有的做“三期”“五期”，居丧守孝三年；有的三天埋葬，入土为安。

**上床** 当老人病情危急，医治无效，请医生或有经验的老人断定，已在弥留之际，为使家属晚辈得祭，直系近亲守在跟前，趁老人尚有微弱之气，为其穿好寿衣，抬到用秫秸勒好的排子或木板上，这一过程叫作“上床”，也叫“冲喜”。

**报庙** 如果老人咽了气，亲属给予整容敛衽，头前点上长明灯、烧上纸、举家恸哭。随后，家人、近亲都要戴孝。以长媳为首，带领媳妇、没出嫁的闺女去土地庙“报庙”；同时，家里“挂白”，即用白纸将门楹对联、挂镜、画面罩上，用黑纱将亡人像的镜框圈上，给亡人盖上蒙脸纸；请文人拟文给各亲戚家报丧送信。

**收泪** 丧家男人到各家磕头请支客（类似主持人）、劳忙的（帮忙的人）操持办丧事；再请风水先生择时辰入殓；搭灵棚、设灵堂、摆祭品、焚香烧纸，家属晚辈男女依辈分跪在棺椁两旁，亲友来宾到灵前吊孝，家属磕头拜谢。亡者的娘家（或岳丈家）、闺女婆家、儿媳妇娘家，都要蒸上大供、挂帐子、写挽联；老街坊拿些纸到灵前祭奠，对家属表示安慰，叫作“收泪”。家庭条件好的、子孙多的，还要请和尚、道士念经、奏哀乐、放焰火、寻香、取水、跑方、爬桥；糊纸活，如金锞子、银锞子、金山、银山、楼、亭、库、阁室等，并摆列成行。

**接三** 一般在出殡的前一天下午太阳落山之前“接三”（也叫“送三”）。在大街上摆好供桌，把亡者的牌位供在桌上，前面摆好供品点上香，家属、亲戚、焚香、烧纸、哭拜祭奠。然后将牌位放进糊好的车内（亡者是男的糊马车、亡者是女的糊牛车），头向西进行焚化，示意亡者坐车上了西天。

**搛罐** “接三”完毕，开始“搛罐”。家属仍然跪在灵柩两侧，由长子和长媳轮流跪捧糊好的圆盒（叫“罐”）。支客大喊：“亲友们辞光了！”亲友则依次到灵前跪拜，再用筷子将供桌上的菜饭、点心水果搛到“罐”里，最后要把“罐”装得满满的，意示亡者把阳间的饭带到阴间以不愁吃喝。

**出殡** 出殡前，预先请人把坟地的坑挖好，叫作“打坑”。下葬的位置是男左女右。出殡时，先将灵柩抬出堂院至门口大道，安放在大杠中间。抬灵柩的大杠有16人杠、24人杠、32人杠、48人杠等。依棺材的大小、轻重而定。最大最重的棺材用48人杠，有个别的扣双灵（即先死的老人没有埋而用砖垒个圈暂放起来，等老伴死后一起埋），就必须用64人杠。杠拴好，抬杠的人上齐，丧主所有家属、近亲一齐跪到灵前，出殡开始。杠房头一打香尺，抬杠的上肩把棺材抬起，同时亡者的长子用双手摔碎瓦，送殡的家属、近亲恸哭站起，长子打幡、长媳妇抱罐在前引灵，其余送殡者紧随其后，一直哭到村口。然后，妇女坐大车，男人走着送灵柩至坟地。家人先把坟坑用铁锹清理一遍，子孙往坑里扔些硬币，灵柩从杠上慢慢放下来，仍由杠房头指挥，平稳地将棺材头北脚南地落到坑底，然后扔土掩埋堆成坟头，葬礼结束。

**圆坟** 埋葬后的第三天，儿子、闺女等直系血亲，再到坟前添土、整理坟头、烧纸上供，叫作“圆坟”。

过“五期”烧花篮，“俩月”烧船。此后，过周年，死后第一年的七月十三过“新麻科”，第二年的七月十四过“老麻科”，家人近亲都要集聚祭祀；同时直系血亲要守孝3年，穿白鞋、系白腿带，3年过年不贴红春联，3年过年不拜年。

中华人民共和国成立后，传统的殡葬习俗延续几年就逐渐简化了。20世纪70代初期，境域始推行火葬。改革开放以后，仍然采用火葬，但随着人民生活水平的提高，有部分传统礼仪恢复。火化后装入骨灰盒或小棺材，不再用很多人抬杠；守孝也不用坚持3年；各村都建有公墓；只是办丧事的席面越来越讲究了。

### 祭祀习俗

中华人民共和国成立前，采育境域对故去的先人，每年祭祀的日期和方式如下。同姓近支家族共一个祠堂，共用一块坟地。每到清明节，族人到祠堂祭祖，青壮年男子到坟地添坟、上供、磕头、祭祀祖先。新故去老人，第一年的农历七月十三，儿女们要集中到坟地烧纸、上供祭奠；第二年的七月十四，儿女们再到坟地烧纸上供祭祀。

**七月十五** 每年农历七月十五是境域各村祭祀日子。这天傍晚或晚上，儿女们分别烧纸祭奠。这次祭奠不必到坟地，到村口外即可。因为是随意找地方烧纸唯恐老人收不到，必须用张白纸把纸钱包成“包袱”，再写上老人的姓名。如果“包袱”上写的老人是男性，那就在烧纸的地方划个十字；如果“包袱”上写的老人是女性，那就在烧纸的地方划个圆圈。

**十月初一** 俗称“十月初一鬼穿衣”。祭祖村民在前一天、两天或是当天晚上，要把纸钱和纸做的衣服都包在纸“包袱”里。写法、烧法与七月十五相同。

**腊月三十** 农历腊月三十吃中午饭前，要用红纸或粉纸做个牌位，上写“× 氏三代宗亲之灵位”，意思是把故去的先人接回家过年。从年三十中午到正月初一中午，每顿饭都要先给祖先上供，酒、菜、饭、筷子俱全，还要烧香。初一拜年先拜祖先。初一傍晚时，再将祖先牌位拿到村口外焚烧，表示把先人送走。此外，家里有什么大事，如聘闺女、娶媳妇、得孙子、盖新房等，都要用粉纸或红纸包上纸钱做成“包袱”，写上先人的名字，晚上到村口外去烧。其用意，一是把喜事告知先人，二是请先人保佑平安无事。

## 乡土文化

**业余剧团与演出** 20 世纪 50 年代前，采育境域文艺团体众多，如京剧团、杂剧团等。20 世纪 50 年代后一度中断。20 世纪 80 年代，部分文艺团体组织恢复。

延寿营村杂剧团。组建于 1940 年，演出的剧种有评剧、京剧、河北梆子、相声、评书等。因剧种较杂，称为“杂剧团”。总导演张仁芳文武场、演唱无一不能，多才多艺。有名的演员有唱评剧的张志恩，唱京剧的季广海，唱河北梆子的季连才，说评书的张志宽，说相声的冯德旺等。每到冬闲，剧团就组织演员排戏练唱，过年时唱上几天戏。中华人民共和国成立前以唱传统戏为主，中华人民共和国成立初期唱《刘巧儿》

《小女婿》等。每逢过年演戏，村里人都自愿捐面捐菜，中午、晚上供演员集体用餐。延寿营村的杂剧团还曾和凤河营村的演员合作演出，既密切村与村之间的关系，也调和邻里关系。1956 年农业合作化以后，剧团停业。

采育京剧团。1949 年由采育境域村民王振起、马玉栋、马玉邈、张占会、谢志英、王艳平、高连举、杨凤武等京剧爱好者和京剧票友发起组建。该团业余时间排练，逢年过节搭台演出。1956 年到黄村、榆垡、庞各庄等地演出，1958 年，作为大兴县的专业文艺团体在密云水库常驻演出。剧团演唱的传统京剧有《打渔杀家》《法门寺》《辕门斩子》《黄鹤楼》《武家坡》《卖马》《大保国》等 40 多个传统剧目。1960 年，采育京剧团解散。

其他剧团。中华人民共和国成立前，采育境域张各庄、半壁店都有业余评剧团，蔡辛庄还有河北梆子剧团。不少村还自发成立业余剧团演现代戏，如西潞洲评剧团的《艺海深仇》《小女婿》和沙窝营评剧团的《王贵与李香香》《刘巧儿》，演员演技都非常好，吸引周边成百上千的男女老少观看演出。20 世纪 60—70 年代，潘铁营、南营三、西营一等生产大队业余评剧团演出的《夺印》《会计姑娘》《红色联络站》《智取威武山》《红灯记》等剧目受到好评。20 世纪 90 年代末，采育镇的京剧爱好者为传承京剧艺术，丰富群众的文化生活，自发组建梨园会。由北辛店的仇德良任会长，南营三一村的王德山和西一村的王琥任副会长。他们不定期聚会演唱，积极参加镇里组织的文艺演出，也与廊坊的业余京剧团交流互访。演唱曲目有传统段子，也有很多与当前形势紧密结合的自编自演的曲目。梨园会演唱水平较高的会员有韩增厚的评剧、京剧，闫春连的京东大鼓，王秀华的程派青衣，王德山的麒派老生，特别是董会玲（女）的裘派花脸，声情并茂，曾在中央电视台“戏迷乐”节目中荣获二等奖。

**花会与演出**

清至中华民国时期，采育境域花会众多，比较活跃。其中，参加庙会演出最多时达 72 档。中华人民共和国成立初，区、县曾组织过民间花会会演，20 世纪 60—70 年代停止活动。改革开放后恢复，2016 年仍有活动。

境域花会主要有大黑垡村的中幡大鼓，南山东营村、赵县营村、大松垡村、楼庄村的高跷；北营村、东营村、凤河营村的跑跷；下黎城营的杠香会；大皮营、东潞洲村、堤上营村、白坊村、柏务村的少林会；沙窝营村、延寿营村、半壁店村、麻营村的小车会。

还有蔡辛庄的文吵子、南堤村的武吵子；北山东营的杠子会；东潞洲村的秧歌会；

花会表演——抬花轿（2008年）

花会表演——秧歌会（2008年）

潞城营村的四知会；大里庄村、车固营村的杈子会；白庙村的狮子会；周营村的坛子会；小哲垡村的跑驴会；长子营村的跑旱船等。

**跑跷会** 中华民国初期，由境域北山东营村、东营村、西营村文艺爱好者组建，1960年解散。该会是一个化妆粉角、踩跷的歌舞演逗节目。跷高70厘米左右，角色有渔翁、樵夫、老爷、衙役、风婆、渔婆、刘二姐、小寡妇等20人。音响伴奏者不踩跷。有两面堂锣，一对堂鼓。会头杂役共计16人，总计36人。此会在行进中除跑、跳、逗、舞外，还间唱群歌。歌词是庆丰收、颂太平等内容。

**杠香会** 始于清代，至抗日战争时期解散。此会既无歌又无舞，只是香头组织几个人，其中，1人扮成杠香官，坐在滑竿上（两根竹竿中间绑1把罗圈椅），4人扮成差役，抬着杠香官行走。各路花会在行进的时候，要按照杠香官的路线依次前进。杠香官在群会竞演中，边走边指挥，神气十足，实际是个傀儡，至群会进香完毕，杠香官唯恐受围攻辱骂，就悄悄溜走了。

**五音会** 中华人民共和国成立前，由杨堤村、利市营、康营、东潞洲村等十几位说大鼓书的民间艺人联合组建。会长是杨堤村的郭芝田，副会长陈永年，弦师陈永年、王振起、杨奎广、彭永富，琴师郭凤仪，演员杨福贤、王永年、杨万奎、刘宗汉、杨茂森、杨茂元、“舍命张”、杜有德、李万奎、王喜三等。联村五音会虽是个业余组织，但却承接嫁娶、寿庆、满月等喜事的演唱，方圆几十里小有名气。除了应邀外出演唱，会员们在农闲时也常常聚在一起弹弹唱唱，切磋技艺，吸引很多曲艺爱好者和乡亲们前来欣赏。演唱曲调以乐亭大鼓为主，也唱西河大鼓，演唱的曲目都是传统段子。1956年农业合作化后，停止演唱活动。

# 庙会

明清时期，采育庵、观、寺、庙星罗棋布，楼台殿阁鳞次栉比。有名的八庙建筑宏伟，风格各异，按四四设置，主奉 30 余尊。因此，采育一年四季都有庙会，12 个月逐月设祭期。所属各村都有寺庙香火地，村中有会头组织当会（参加庙会表演的团体），农闲排演技艺，会期、节日应邀到各地行会。

旧时，采育镇的庙会亦称庙市、戏会、行会，村民习惯称之为“上庙”。它是借某个寺庙特定的祭祀日或某塑像修建完成举行“开光”典礼之日，由当地有影响的头目组织的集会。组织就绪后，将起止日期、地点、内容张贴海报，吸引四面八方各界人士参与活动。

一年中的庙会，从正月初八开始，大体上有：正月初八，老庙坑甲子殿祭星；正月十五，镇内夜晚悬灯；二月初八，在采育镇东门里文庙拜圣人；二月十九，因观世音的生日是三月初三，在境域“良善坡”举行 3 天香火会；三月十八，采育镇东门外戏台唱大戏，招引客商到这里做生意；四月二十八，是药王生日，在东门外药王庙附近的大戏台，请戏班来唱戏，四方客商到此搭席棚设点；五月十三，在北门内路东关帝庙，请戏班、搭戏台唱戏 3 天；六月二十四，“分龙兵”，求龙王降及时雨，不遭冰雹，免水灾；七月十五，晚上河灯会，用半个大瓜皮做小船，瓜皮内放上用红绿丝绵纸做的灯花，在水上飘摇，灯光闪烁，男女老少争相观看，场面十分热闹；七月二十三，七十二当会都集中在采育镇；九月初一到初三，在采育东门外还有戏；十月十五，西门外灶君庙南搭戏台，商会凑钱请来戏班。其中，正月初八、正月十五、二月初八、四月二十八、七月二十三、十月十五庙会最为热闹。

**正月初八庙会**　正月初八，老庙坑甲子殿祭星。其间正值农闲，学生放假，人人都可按自己的生辰八字、干支属相到这里对照星宿牌位祭祀烧香，祈求平安。在老庙坑搭戏台演戏，用以渲染热闹气氛。

**正月十五庙会** 正月十五，镇内夜晚悬灯。境域南辛店村娘娘庙有戏、有会。这个庙院场大，前后殿两层院，还有东西禅房，庙南边有硬山大脊沟连搭大戏台向北出轩，戏会香火辐射通州、安次、大兴等方圆二三十千米。

**二月初八庙会** 二月初八，在采育镇东门里文庙拜圣人。先生、学生是日前往朝拜，接受敬学尊师教育。过盼池、登上半月桥须是高才生。严肃整齐、毕恭毕敬地到圣人牌位前作揖叩首焚香，往来人流不断，井然有序。拜圣之后，官私学房师生准备开学授课。

**四月二十八庙会** 四月二十八，是药王生日。在东门外药王庙附近的大戏台，请戏班来唱戏，四方客商到此搭席棚设点。夏季服装、花布、凉席、草帽、竹帘摊上摆、绳上挂，杈把扫帚小农具、日杂商品就地卖，还有冰镇酸梅汤、雪花落、酸辣凉粉、挂条面。烧香的、听戏的、购物的人来人往，摩肩接踵，热闹非常。

**七月二十三庙会** 七月二十三当日，七十二当会都集中在采育镇。由香头会主讲会规，潞城营的“四知”（泛指知道会理多的人）讲会理。杠香会抬着杠香官，杠香官身穿黄马褂，头戴官帽，手持黄旗在前面指挥。七十二当会，分两路行进，一路从北头真武庙调会，进北门到十字街，出西门往南，进街往北出东门，等在药王庙门外，另一路由南关进南门，出东达子胡同，经杨场吊子胡同到法华寺前等候，在药王庙进香。狮子会排列在山门两旁摇头摆尾，不到时不让进门。

七十二当会，有圈子营的杠香会，南营的高跷，董营的高跷，大松垡的高跷，北营、东营、凤河营的跑跷，于家务的五虎棍，白坊、胡营的少林，周营的坛子，车固营的杈子，白庙的狮子，大黑垡的中幡大鼓，还有麻营、小哲垡、长子营等村的小车会、跑驴会、跑旱船、铙钹唢呐大喇叭、双石头、盘杠子、大头和尚逗柳翠等。方圆几十里凑成七十二当会，从头一天开始调会，锣鼓喧天排成大队，到二十三日下午进香，带队的喊得嗓子哑，扮演的不觉腰酸腿痛、汗流浃背，看热闹的直了眼，尘土满面不觉累。

**十月十五庙会** 十月十五，西门外灶君庙南搭戏台，商会凑钱请戏班。柿子、核桃等山货商人到此来摆摊，最多的是卖布头、卖估衣的。有时会有马戏团，在空场围起布帷子卖票跑马戏。里面竖起刀山道具五彩旗，敲锣打鼓小乐队伴奏，骑术、耍狗熊、演杂技，半日一场。卖小吃的沿着南北大道搭着席棚，炸饼、火烧、豆腐脑、馄饨、快餐酒菜荤素席，吆喝着“您吃点什么里面请……”

十一、十二月没有庙会，就从北京城里请名角，在天齐庙对面大戏楼，三面圈起席围，卖票演京剧。票价每人一元多，一般人都觉得看不起。小孩子没钱去买票，在戏台东邻西舍的房上看夜戏，居高临下看得更清晰。它票价贵，主要是因为名角名戏，比如“活关羽”李洪春，主演汉寿亭侯、古城会等。戏台上边吊着两盏气灯，三通锣鼓过后，角色出台亮相，行头、旗帜金碧辉煌，主角扮相、唱念做打气魄好，马童的武功干净利落，台下掌声阵阵响。一二十里的人们到这儿来听戏，散戏还得走着回去。

中华人民共和国成立后，采育庙会逐渐取消。改革开放后，依据经济发展需要，恢复了一些传统庙会。庙会主要以当地政府为主导，多以物资交流形式活跃市场，促进境域经济发展。

## 民间手工技艺

**黑陶**

2002 年，采育镇铁营村村民迟雪宇创建家庭陶艺坊。2003 年，迟雪宇成立北京金宇黑陶制品有限公司（简称“金宇黑陶”）。2004 年，黑陶产品始在北京潘家园古玩市场受青睐。

2008 年，北京服装学院与北京金宇黑陶制品有限公司签订 3 年合作协议，建立学生实习基地，联合开展专题研发，北京服装学院优先推荐优秀毕业生到金宇黑陶基地实习。同年金宇黑陶产品收入 450 余万元，带动周边 110 户学习黑陶制作，实现户均增收 3 万余元。2010 年，共青团大兴区委成立创业促进会办公室，通过参加创业促进会的各种活动，金宇黑陶提高了知名度。

2011 年，金宇黑陶建设 1 个 500 多平方米的黑陶制作室和 1 个黑陶作品展览室，陶艺品种由原来的 50 多种增加到 150 多种，销售渠道由原来的国内工艺品领域，逐步扩展到国内外家居装饰等领域；产品由过去的 5000 多件增加到 1 万多件。

2007 年，金宇黑陶被评为“巧娘工作室”

迟雪宇指导就业妇女制作黑陶（2006 年）

2012 年，黑陶文化与休闲农业结合，新的体验型项目——DIY（自己动手做）诞生。在黑陶制作体验区，爱好者可以参与尝试黑陶制作，感受黑陶文化的魅力。黑陶展台为黑陶艺术品的大荟萃，各式各样的黑陶器多达百余种，造型独特，美观、古朴、高雅。金宇黑陶作品年销售量达 3 万多件。

2015 年，金宇黑陶与采育镇成人学校开展校企合作，建立黑陶培训基地。黑陶培训基地面向中小学、幼儿园、社区居民、公司拓展等开展培训、拓展活动。黑陶文化在得到推广与弘扬的同时，也增加了农民的就业机会。2016 年，金宇黑陶公司承办北京市第四届职业技能大赛、大兴区妇女手工陶艺技能大赛。

黑陶工艺——非洲女皇（2008 年）

**金宇黑陶制作基地**　位于采育镇潘铁营村。占地面积 600 多平方米，100 多个产品，拥有员工 50 多人。该基地建有黑陶制作车间和黑陶系列产品展示厅，同时辟有专区，供陶艺爱好者尝试黑陶制作等。

金宇黑陶产品选用永定河古道河床下纯净而细腻的黏土为原料，在继承传统手工雕刻技法的同时，又与现代工艺有机结合，其作品经手工淘洗、陈腐、拉坯、晾晒、修整、压光、绘画、雕刻等工艺，最后以独特的无釉无彩碳化窑变的古老工艺烧制而成。黑陶器面不求奢华，全凭器体自身的黑色取胜。它以“通体漆黑、闪闪发光”为最佳境界。器体有时略加点缀凹凸弦纹或镂空，更富有生气。黑陶本身的塑造与烧制结合，体现出一种单纯的质朴美。黑陶制品为大兴采育镇的特色乡村手工艺品。

**所获荣誉** 2006 年，黑陶系列产品在“2006 红螺杯北京乡村旅游商品设计大奖赛”中荣获优秀奖。2007 年，金宇黑陶制品有限公司被北京市妇女联合会和北京市科学技术委员会评为“巧娘工作室”。2008 年，作品“非洲女皇”获得“人文奥运——第四届中国礼品暨旅游纪念品设计大赛”银奖。2009 年，迟雪宇被中共北京市大兴区委员会、北京市大兴区人民政府评为“十佳创业明星”。同年 5 月，迟雪宇随全国妇联原主席顾秀莲前往香港参加国际妇女论坛并在会上发言。黑陶系列产品在第九届“北京礼物”旅游商品大赛中荣获北京特色工艺美术品类优秀奖。

黑陶制作（2016 年）

黑陶制品（2016 年）

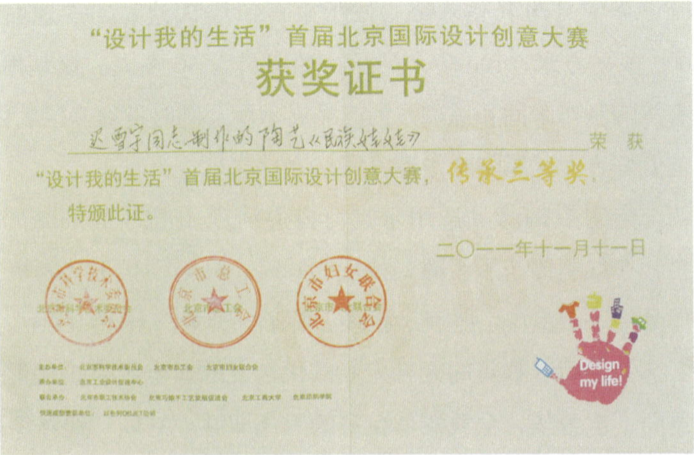

“设计我的生活”首届北京国际设计创意大赛

获奖证书

迟雪宇同志制作的陶艺《民族娃娃》荣获

“设计我的生活”首届北京国际设计创意大赛，传承三等奖，

特颁此证。

二〇一一年十一月十一日

Design my life!

《民族娃娃》黑陶作品获奖证书（2011 年）

2012年，黑陶系列产品在全国休闲农业创意精品大赛中荣获“产品创意银奖”，并成为中国青年创业国际计划青年创业教育扶持项目。同年，北京电视台《人才》栏目对迟雪宇作专访。2014年，作品《民族娃娃》《月季花罐》在APEC国家会议中心“文化珍品区”展示。2015年，金宇黑陶体验项目被评为北京市农村实用人才优秀项目。2016年，中国妇女发展基金会秘书长秦国英到金宇黑陶参观并给予肯定。

**兰砖**

兰砖即是小窑生产的砖块。是将砖坯码放在窑内，烧到一定温度后，将窑洞封闭，从窑顶上的口，往下淋水降温，这样出来的就是兰砖。20世纪70年代前，采育境域大皮营、潘铁营、沙窝营、大同营、凤河营、广佛寺、半壁店、辛店等生产大队或个体、集体砖窑均烧制兰砖。20世纪80年代后，随着机砖的出现，兰砖逐渐退出。进入21世纪，因古建用材需要，时有兰砖烧制。

兰砖制作的技艺流程概括起来就是手工制坯、装窑、烧窑、洇窑、出窑5道工序。

**手工制坯** 烧制兰砖的砖坯，都是用手工做的。制作砖坯的坯模子，四面要用国槐、水榆柳等硬木板，而底面必须用柳木板。制作工艺要求很严，既要符合尺寸规格，又要好使耐用。因此，必须请专门从事此项专业的木匠来制作。

制作砖坯子的活儿，俗名叫作“摔坯子”。做坯子的土最好是两合土。即三成黏土，七成细砂土。如果黏土少了，坯子的硬度差，棱角不好；如果黏土多了，摔坯子时容易粘帮挂角，甚至折裂。即便是烧成砖也发脆，不结实。摔坯子用的泥，要经过泡土、摺泥、搭泥3道工序。泡土，打水要适量，土要泡透，软硬适度。泡好土，就要和泥，行话叫摺泥。摺泥时，要一边用脚踩，一边用泥铲钐（用泥铲一层层地割砍），最后圈边成堆，用苇席苫好。摔坯子前再把泥和一遍，叫作搭泥。搭泥时，用泥铲把泥一铲一铲地扔到合适的位置，再把泥铲立起来用力细钐（细致地割砍），中华人民共和国成立前有的私人砖窑还要求用铁棍钐（用铁棍抡打），以求把泥和细。最后将泥垛圈边刮平，用苇席苫好，用一段揭开一段，以免风吹日晒泥面皴皮。

摔坯子用的坯模子俗名叫“斗子”。斗子型号有几种，中华人民共和国成立前的砖块大，用二连斗，古城砖更大，用单斗，摔方砖坯子用开模。20世纪60年代，建机窑烧红砖，机制坯子的规格是24×12×5（厘米），从此兰砖的尺寸也和机砖逐渐一致，兰砖的尺寸小了，很多砖窑摔坯子就改用三连斗。

摔坯子时，把斗子放在三条腿的板凳上，用铁瓦（半圆形的铁片）刮泥蛋（把泥做成蛋形），滚好砂子后，双手捧起泥蛋装进斗子里，再用弓子（弓样工具）上的铁丝顺着斗帮刮平，然后端起斗子一行行整齐地扣到场上。场又平又光，但扣不好坯子的上面会不平。劲大了，前面厚，后面薄；劲小了，后面厚，前面薄。在扣斗子时须用力适当，斗子着地要快而稳，才能保证坯面平整。坯面的水迹下去后，四边略显白印，就要用斗子“盖大面”，就是把坯子的大面盖平。等坯子搁得住手时，就要把坯子立起，叫作“拉坯子”。坯子立起来后，要用木板打坯子的两头，用斗子盖坯子的小面。经过以上步骤，坯子就会平整规格了。一般情况下，当天摔的坯子要当天码上坯架，这道工序叫作“捡坯子”。码坯架是一行直条、一行斜条交替有序地往上码，一直码到 12 层，上面再把坯子平放墁顶。

**装窑** 烧兰砖的窑叫马蹄窑，因其形状有些像马蹄而得名。能烧 3 万块以下的窑为小窑，5 万块以上的窑为大窑，能烧三四万块的窑为中窑。中、小型窑一般只有大窑门和二窑门，大型窑较高，所以二门以上又有三窑门，俗称“三门子”。从窑的外形看，上小下大，酷似没有尖儿的窝头。但从窑的内里看，却是上大下小。窑心的底部叫作“炕”，炕靠近大窑门处留有一个半圆形的坑，这就是烧窑用的灶坑。

装窑，都是用人工背坯子。背坯子要用秫秸穿成 20 厘米宽、90 厘米长的“拍子”背在背后，再用长短合适的皮套挎在两肩。有专人在坯架前码“背儿”，每 15 ~ 25 块为一背儿。装窑绝大多数用的是撂背儿，就是把坯子背到窑里能够撂下。但窑装到顶层，没有地方撂背儿，就得用接背儿，就是装窑的师傅把背来的坯子用胳膊直接接下来。装窑最关键的技术是码蓝火圈。蓝火圈是从窑底部半圆形的炕沿码起，每层往前伸出一点，离顶层还差 60 厘米时封顶。蓝火圈以外的部分，都是直条、斜条交替一层一层往上码，最后一层平码封顶。窑顶周边留一圈 10 厘米宽的边上下通气，窑顶部要铺上 15 厘米厚的土，名曰“大土”。装完窑把二门、三门封死，大门的灶坑铺上炉条搭好灶，装好引柴，封上半圆形的门，中间留 1 个 20 厘米见方的灶门，上方留 1 个 5 厘米见方的看火眼。

**烧窑** 装完窑、搭好灶，就开始点火烧窑了。烧窑的整个过程分为大火、紧棋火、慢棋火、下火 4 个阶段。

烧窑特用的计时单位叫“时候”。1 个白天或 1 个黑夜都叫 1 个“时候”，也就是说 1 昼夜等于 2 个“时候”。从点火开始，火随便烧，越旺越好，这叫大火。大火一般需要烧 2 个“时候”，这时，从大灶的灶门往里看，蓝火的坯子已经挂上了淡淡的火红的颜色；到窑顶上看，装窑时留的一圈 10 厘米宽上下通气的边，由点窑开始时冒烟冒白气，变成白天看着有火影，晚上看见淡淡的火光。这时，就用窑顶准备好的坯子，在敞着的一圈上规则地码成一个一个一坯子宽的小方块，叫作“微棋”。撴好棋之后，开始烧紧棋火，这时候火还是越旺越好。紧棋火需要烧3个“时候”，直到从灶门往上看蓝火圈、从窑顶的棋眼往下看，窑内的坯子变成了火红色，从这以后烧火开始慎重，既不能小，也不能急，开始烧慢棋火。烧大火、紧棋火时，烧窑的灶门总是敞着的，但烧慢棋火时，添完火要把灶门用一块坯子挡住，而且窑顶上的棋眼，要用预先准备好的坯子逐渐向前推，使棋眼一点一点变小。当从灶门往上看，蓝火圈的颜色变成淡黄色时，还要把煤拌上水再添，添完后再用两块坯子把灶门关严，不能让风打进灶门，以免“刺”了蓝火，导致裂口甚至掉头。当慢棋火烧到3个“时候”，窑顶的棋眼已经完全关闭，但从缝隙里都能看出窑顶的坯子全烧成了黄白色，再从灶门往里看，从窑底炕面1.5米以上都变成了黄白色，这种颜色就标志着窑里的坯子已经到了烧成砖的火候。这时候，窑顶所有关闭的棋眼都要用土埋死，并且把窑顶上的3个烟筒打开，开始烧下火。烧下火的目的，就是要把窑底层1.5米高的坯子烧熟成砖。窑里底层未烧成砖的坯子虽然不多了，但这时窑里通气较差，氧气缺乏，火不爱着。所以烧下火时，都用最好的烟煤块，就这样也得烧2个“时候”，直到从窑上边的烟筒口能见到火红的颜色，只要用点着的玉米秸在烟筒口一晃，烟筒里就会冒出火苗，这叫“接火”。接火成功或烟筒自动冒出火苗，就证明窑底层的坯子也已经烧熟成砖了。此时，整窑的砖都已经烧熟了，可以封死灶门闭火了。

**洇窑** 用马蹄窑烧熟的红砖再用水洇就可以成为兰砖。但如果烧的火候不够，即没有烧熟，即便是用水洇，也只能成为紫蓝色不漂亮的砖，甚至是花砖。

洇窑的过程如下。闭火以后，把大窑门封死，同时把窑顶的烟筒封盖埋好。从地上挑新土在窑顶围成一个20厘米高的矮墙，拍光踩实，这叫“打盆子”。把“盆子”内的大土平整好，在盆边上铺上一领席，就开始挑水往席上倒，这叫“混盆子”。烧红发热的大土与水相遇，冒起浓浓的白气。等大土全部用水洇透之后，大气消失了，再用平耙平好，用脚踩实，就正式开始向盆子里挑水洇窑了。开始，盆子里的水下去得比较快，随着时间的推移，水下去的速度逐渐减慢。等到封闭的大门子、二门子、三门子都见到水花了，就证明窑已经洇得了。一般说来，烧窑用多少“时候”，洇窑也差不多用多少“时候”。

洇完窑停水过一个“时候”就可以“挑顶”了。即把窑顶盆子里的土扔到边上，再把顶层墁的砖掀开，把窑里的热气放出来，然后再把封闭的三门子、二门子、大门子都打开，上下一通，窑里的热气散得更快了。

**出窑** 出窑时，背砖的装束和装窑背坯子一样，身后拴好排子，两肩挂好皮套子，每背儿一般是20块砖，最多背28块。砖从窑里背出后，在平整的空地上码好。码砖时，16块一层，码12层再加8块盖帽共200块为一垛，叫作“一顶”（俗读“丁”）。按规矩，每层16块砖中，最多只能有一块半头砖。半头砖多出在窑的底层，是由于压力过大所致。这些半头砖一般按车出售。春窑，是从春分开始拾掇场子，清明见新坯子。摔够一窑就装窑烧窑，边烧窑边摔坯子，够窑就停，春天不存坯子，一直干到夏至雨季来临时。秋窑，是从处暑开始拾掇场子，白露节见新坯子。过去冷得早，一般摔坯子到霜降节“扣斗”。如果气候温和，可以延长至见凌为止。从立冬开始烧窑，一般要到次年初春，才能把秋天存的坯子烧完。

中华人民共和国成立前，烧兰砖都用玉米秸、秫秸、碴子、木柴等柴火烧。中华人民共和国成立后改用烟煤烧。20世纪70年代还有用煤焦油、天然气烧兰砖的。

## 非物质文化遗产

**中幡大鼓** 采育镇大黑垡村中幡大鼓由清朝皇宫传承而来。整个演出队伍阵容庞大，前面正中是一面黑幡，是本会的总指挥旗，后面红、黄、蓝、绿等各色8杆中幡排列两行。伴奏的乐队有16面大鼓、8副小镲和1个铛子（小锣）。

耍中幡的招数有托塔、掉搂、单过桥、双过桥、脑架、梁子、余子、童子拜佛、黑风扫地等。大鼓有36调，小镲、铛子与大鼓相随相配，虽各打各点，但协奏得当，浑然一体。中华人民共和国成立前，外号叫“井上大爷”的张师傅，曾练过眼夹小辫红头绳，水井上面架板凳，站在板凳上闭眼耍中幡的绝技。中华人民共和国成立初期，其子张广善、徒弟孙万玉也能练得这手绝技。

大黑垈中幡大鼓表演（2006 年）

1956 年，境域实行农业合作化后，大黑垈中幡大鼓解散。“文化大革命”时期，其行头、设施遗失。改革开放后，大黑垈中幡大鼓重新恢复。从 1986 年起，大黑垈中幡大鼓每年都有演出。2008 年，大黑垈中幡大鼓入选区级非物质文化遗产名录。2001—2006 年，大黑垈中幡大鼓多次参加北京市、大兴区的调演，镇节日会演，多次荣获奖旗、奖杯。

**雕版刷印** 1978 年，为传承雕版刷印和线装古籍装订技术，故宫博物院和中国书店整理库存雕版并收集散落在民间的雕版 24 万块。在此基础上，决定成立中国北方唯一雕版刷印和线装古籍装订的印刷厂，地址选在大兴县采育人民公社韩营生产大队。该生产大队社员任志在中国书店雕版刷印的第二代传人——王志鹏的指导下，成为第三代雕版刷印和现代新印古籍技艺的主要继承人。

韩营印刷厂是全国古籍出版的主要生产厂，也是完整传承、不断发展这一技术的重要阵地。1978 年改革开放后，中国北方出版的线装古籍多由该厂刷印、装订。有时也会刷印、装订南方省市的古籍。韩营印刷厂雕版刷印工序讲究，装订技术精湛。1991 年，刷印、装订的乾隆版《大藏经》成为国家领导人出访国礼。

1996 年，韩营村印刷厂改为北京华艺斋古籍印务有限公司，总经理任宝全是北方唯一雕版刷印的传承人任志的儿子。任宝全对刷印工具和技术进行大胆革新，创立“悬空刷”技术，即把箳子改为单头刷印，提高了工作质量与效率，是刷印工艺的一项突破。

2012年，韩营雕版刷印技艺被评为区级非物质文化遗产。到2016年，北京华艺斋古籍印务有限公司每年手工刷印、装订古籍40多种，其中，《大藏经》《永乐大典》等手工雕版刷印书籍曾作为文化纪念品，赠送给许多国家和地区。

手工裁边（2016年）

区级非物质文化遗产——韩营雕版刷印技艺工作现场（2010年）

古籍印制（2016 年）

## 传统小吃

**山楂糕**　清康熙五十九年（1720），在采育古镇十字街北路西，村民张士禄创办山楂糕作坊“富川斋”。张士禄擅长多种传统民间糕点制作，尤其是用山楂果汁，配以白糖、琼脂，冻结成板的山楂糕，以口感爽滑细腻，甜美冰凉可口等特点远近闻名，还曾受到清朝宫廷的赏识。

张士禄制作的山楂糕另一大特点是冷天不冻，热天不化，长途运输不变形，长期储存不变味。据其后人讲，该山楂糕制作技艺为家传秘方，只传本家男丁，不传女儿。兴

富川斋山楂糕（2006 年）

盛时日产二三百千克。

中华人民共和国成立后，该作坊因原料缺少而停业。20 世纪 80 年代，张士禄后人恢复经营。

**酥烧饼** 俗称“墙缝酥烧饼”。老字号“三益斋”，采育境域村民闫龙创建于清末，位于采育镇十字街西路南。门面房不足一间，后面制作间大些，凭借两个房的山墙，以缸为炉，用木炭烘烤，生产规模很小，日产一二十千克。

**罐蒸** 罐蒸是采育传统特色食品，起始时间无从考究。中华人民共和国成立前，采育境域南山东营村周家、西营村的田五家、南营村的张万仓家、东营村周景升祖辈被誉为采育罐蒸四大家。2016 年，罐蒸在采育境域依然流行。

罐蒸是用荞麦面加作料打成糊，放在陶瓷罐里蒸，所以叫罐蒸。后来罐蒸改用碗蒸，更加方便实用。荞麦罐蒸打成条，加上醋、蒜泥、芝麻酱等，既可以当饭吃，也可以当酒菜；既可以当时吃，也可以买回家去吃，非常方便。集市上、节日里、庙会上都有卖罐蒸的，也是饭店食客最为喜欢的凉菜之一。

**咯吱盒** 一般做法是将绿豆面打成浆，加作料，摊成片，卷成卷，切成段，用油炸制而成。因具有非常酥脆的口感，发出“咯吱”的声音而得名。可以当菜吃，也可以做素馅用。

采育咯吱盒的做法与其他地方有所不同。它是用玉米打成浆制成的，更加味香酥脆，物美价廉。所以，旧时过年节或办红白事、盖房子，家里都要炸咯吱盒当下酒菜。至 2016 年，市面上卖的咯吱盒大多是用细玉米面打成糊做的，有的还掺了少许白面，但没有纯玉米浆做成的咯吱盒酥脆。

**碾转儿** 碾转儿为采育境域20世纪50年代前的传统特色食品，特别是北山东营村，几乎家家都会做碾转儿，还有人把碾转儿带到集市上摆摊当小吃卖。

碾转儿是用大麦或春麦做的，其制作方法是：当大麦或春麦定浆后麦粒还有些软的时候，就把麦穗剪下来装进口袋里摔，一直摔到麦穗上的麦粒全掉下来为止；然后用簸箕把带着壳的麦粒簸出来，放到大锅里炒，火候要均匀，用铲子勤搅拌，炒熟出锅；最后，把炒熟的、干净的麦粒放到石磨上磨，磨下来长长的类似面条的东西，就是碾转儿。

将切碎的莴笋叶、蒜泥、盐和香油，搅拌在碾转儿里，佐料配上碾转儿特有的炒过的麦香味，吃到嘴里确实别有风味。特别是旧社会农民生活困苦，若在青黄不接的时候能吃上可口的碾转儿，真像是过年一样。

**灌肠**

采育境域各村不少村民都会做灌肠美食，其传统工艺步骤如下。

*洗肠* 选用新宰猪的大、小肠，不能糟，不能有孔。用碱、白矾、盐水把肠翻过来反复洗，最后用清水冲洗干净，摊开晾干。

*打糊* 把团粉（经过加工的面粉团）澥成稀糊状，放适量的盐、酱油、十三香等佐料，用开水冲成半熟的糊状；再把猪肉丁加香油、味精、十三香、酱油、盐等佐料煨好后倒入糊里，继续搅拌使之均匀。

*灌肠* 灌肠时把洗干净的肠断成70厘米左右长，把一头网成扣或用线拴紧，用嘴吹不能漏气。然后用漏斗撑住肠的开口，用勺子把糊灌进肠里，注意只能灌八成满，灌完一根要用线把开口拴死再灌下一根。而且要一边灌一边搅拌糊，以确保糊里的肉丁均匀散开。

*煮肠* 把肠灌好后放到汤锅里煮，火要均匀保持沸点的温度。要敞着锅煮，注意观察，只要看到灌肠加热后鼓起来了，就要立即在肠子上用针扎眼放气，防止肠内胀气撑破肠皮。

*熏肠* 灌肠煮熟后，捞出来把表面的水晾干。在无水的大锅里放入适量红糖，锅里架上平担（用铁条制成的工具），平担上码好灌肠，盖好锅盖。开火烧火，火要均匀，锅里的红糖遇热后融化、冒油、冒烟，就用这糖冒出的油烟熏锅里的灌肠，使其表面挂上油亮的糖红色，散发出好闻的香味儿。

# 土特产品

**小米**　采育境域土质肥沃，水质甘甜，适合谷子生长。清代至中华民国时期，沿凤河两岸下黎营等村庄民众在种植其他农作物同时，精心种植谷子，一般大户种植谷子十多亩，每到收获季节，就用石碾碾出小米，色泽金黄，营养丰富。京师誉赞："采育的小米，马桥的棒子，独一无二。"

**山药**　采育的山药历史上很有名。清代英廉等奉敕编的《钦定日下旧闻考》引《析津日记》载："山药产采育者，甘美特异他处。"山药属蔬菜类，又是药材，用它烹制的佳肴"拔丝山药"是一道名菜，吃起来很有味道。特别是经名师制作的全素席，山药是主要原料。山药味甘性平，是良好的保健食品。采育产的山药短粗皮细，甘甜味美，名噪京城。自 1975 年以来，采育供销社收购站每年都要收购 15 余万千克。进入 21 世纪，各村还种植一部分山药，除自用外，大都投放农贸市场。

**薯干**　采育镇有制作薯干传统。明清至中华民国各个时期皆有作坊加工销售。2000 年，采育镇北京菁阳禾田农产品加工有限公司成立。该公司占地 1.2 万平方米，拥有配套的薯干制作设备和先进技术，推动了境域村民种植薯类的积极性。是年，该公司拥有示范及籽种繁殖基地 70 亩，出口薯脯 300 吨，创汇 3200 万日元。2001 年，该公司带动农户 1800 户种植白薯 3600 亩。同时，公司与日本收购商签订有 500 吨的销售合同。

**花菇**　2000 年，采育镇在北山东营村启动花菇产业化工程，在专家的指导下，生产基地接种获得成功。2001 年 7 月，该基地开始制菌，总接种量达 1 万袋。同年，扩大种植面积 100 亩，建菇棚 1000 个。2016 年，该基地种植面积 200 亩，经过深加工后花菇产品销往京城各地。

**童子鸡**　明永乐年间（1403—1424），采育镇即设有蕃育署，专门为宫廷饲养和供应鸡鸭。童子鸡是肉鸡与本地柴鸡杂交的新品种，即肉杂童子鸡，其肉质鲜嫩，具有较高营养价值，且高蛋白、低脂肪、适口性好，一般生长期为 40 ~ 45 天，每只重 1.3 ~ 1.5 千克即可上市。2000—2016 年，采育投资 210 万元建成占地 50 亩的养殖小区，形成养殖基地，全年可提供种雏 300 万只。

**獭兔** 采育素有养殖獭兔传统，改革开放后，境域部分村有农户养殖獭兔。为扩大獭兔养殖，增加农民收入，1994 年，北京采育乡特獭兔系列产品开发中心成立，经过多年的发展，建成占地 20 亩的种兔繁育基地和 1 个屠宰厂、1 个饲料加工厂和养殖技术服务中心。至 2016 年，累计发展养殖户 5000 余户，形成龙头基地产供销一体化的产业化格局。

## 方言俗语

### 方言土语

采育人说的是北京话，水土风俗、交际礼仪、表情达意、发音吐字同中心区基本无差别。时代不同，辽、金、元、明、清，各有特色。清代，京畿旗人居多，语言随之有变。“五四”新潮倡导白话。中华人民共和国成立后，国家确立和推广普通话标准语音。但在本地区流传已久的方言土语，仍在日常生活中使用。

**变音字**

岳街的“岳”，读 yào（药），不读“yuè”。

黑豆的“黑”，读 hěi（第三声）。

大黑垡的“黑”，读 hěi（第三声）。

叔公的“叔”，读 shōu 发“收”音。

老伯的“伯”，读 bāi（掰）音（本镇东南个别村和回民对叔的称呼）。

大伯子的“伯”，读 bāi（妇女对自己爱人哥哥的称呼）。

自己个的“个”，读 gě 儿。

说明儿个（明天）的“明”，读“mié 儿”。

**儿化韵**

宁家湾的“湾”，wān 儿化韵尾偏重。

水关的“关”，guān 儿化韵尾偏重。

高台阶的“阶”，jiē 儿化韵尾偏重。

**语尾加“子”音**

这个店太肮脏，白天处处有蝇子，晚上屋里有蚊子，夜间满屋串耗子。

挽起袄袖子，拿着刀子，宰一只大兔子。

一只手扶着犁把，一只手摇晃着鞭子。

道路滑，拄一根棍子。

俩人抬着一筐棒子。

下一趟想着带上绳子和杠子。

**土语语汇**

撒丫子——迈开大步跑

脚丫子——脚

囟脑门儿——前额

躺下了——分娩

月子——产期

老谣——无稽之谈

寻宿儿——临时借住

絮叨——讽说话不利索

颠儿啦——跑了

捅娄子——惹大事了

坏醋了——出事了

压根——从来

现眼的——做丑事的人

败家子儿——好吃喝玩乐、不过日子的人

撒皴（或村）——泛指女人（特别是姑娘）骂人

撒野——泛指男子骂人，粗野不讲理

打滑擦儿——滑冰

打马虎眼——隐瞒真实情况欺骗人太玄了，脱离实际的话

跑马占圈——贬斥强占地面者

真能剜吃——讽刺到处找便宜的人

会为人儿——做事圆滑的人

取灯儿——火柴

油炸鬼——油条

放睡——按摩

自个儿——自己

### 谚语

#### 生产

春分地无结，惊蛰一犁土。

粪大水勤，不用问人。

庄稼一枝花，全靠肥当家。

种地不使粪，等于瞎胡混。

秋耕深加寸，顶上一茬粪。

要知田中事，乡间问老农。

白露早，寒露退，秋分麦子正当时。

豌豆大麦不出九。

蓖麻不出九，出九必减油。

谷打长秸麦打齐。

春争日，夏争时。

科学种田，越种越甜。

谷打三千，麦打六十。

枣芽发，种棉花。

六月六，看谷秀。

熬糠造酒，越干越有。

七年芝麻八年瓜，十年茄子别重茬。

霜降萝卜立冬菜，过时不收就受害。

谷雨前后，栽瓜点豆。

今冬麦盖三层被，来年枕着馒头睡。

一春不下雨，下雨就是春。

桃三杏四梨五年，枣树当年就还钱。

过了芒种，不可强种。

空谈一场，庄稼不长。

头伏萝卜二伏菜，进了三伏种荞麦。

**气候**

早霞阴，晚霞晴。

夏至三庚便数伏。

天河出叉，单裤单褂。

天河掉角，夹裤夹袄。

春打六九头。

九九晴，一冬凌。

鸡鸟搬家，长虫（蛇）过道。

蚂蚁盘窝，燕子低飞。

水缸穿裙儿，雨前征兆。

数九数长了，数伏数短了。

风三风三,一刮三天。

八月冷，九月温，

十月赛过小阳春。

小雪封地，大雪叉河（封河）。

先下牛毛没大雨，后下牛毛不晴天。

八月十五云遮月，正月十五雪打灯。

大旱东风不下雨，大涝北风不晴天。

云吃火，没处躲；火吃云，晒死人。

小雪封地不封地，大雪叉河准叉河。

霜降不见凌，等不了三五日。

### 卫生

生活有度，基本吃素。

春捂秋冻，不爱生病。

鱼生火，肉生痰，白菜豆腐保平安。

鼻子不通，吃点大葱。

饱不剃头，饿不洗澡。

### 事理

牙剔稀，耳掏聋，常打官司必受穷。

丑妻近地家中宝。

强量不如商量。

喝酒喝厚喽，赌博赌急喽。

奸淫出人命，赌博出贼星。

隔道不下雨，十里不同风。

一锨挖不成一口井，

一笔画不成一条龙。

撒谎难瞒当乡人，泄底还得老乡亲。

穷改门，富扒坟。

长木匠，短铁匠。

人走时气马走膘，骆驼单走罗锅桥。

## 歇后语

### 褒奖类

电线杆上挂暖壶——水平高

电线杆上绑鸡毛——好大的胆子

长虫戴草帽——细高挑

对着门缝吹喇叭——名声在外

狗撵鸭子——呱呱叫

丈母娘夸姑爷——傻好傻好的

猴儿骑骆驼——高野了

包子有肉——不在褶儿上

丈母娘疼姑爷——实顶实

常赶集——认得事

网鞋不使锥子——真棒

**贬斥类**

老虎戴素珠——假善人

狗熊耍扁担——糊弄饽饽吃

老虎掉进山涧里——伤人太重了

狗咬吕洞宾——不认识真人

驴粪球——外面光

萤火虫的屁股——没大量

灶王爷打筋斗——离了板了

周瑜当当——穷嘟嘟

三眼枪打兔子——没有准

凉锅贴饼子——蔫溜了

纸糊的驴——大嗓门

借着门缝看人——把人瞧扁了

洗脸盆里扎猛子——不知深浅

三八赶集——四六不懂

**其他类**

老虎吃蚂蚁——碎拾掇

老虎拉车——没人（赶）敢

猴拿虱子——瞎掰

黄鼠狼烤火——毛干爪净

小耗子钻烟荷包——够呛

猴儿吃麻花——满拧

狗长犄角——洋相

武大郎盘杠子——上下够不着

木头眼睛——看不透

佛爷眼珠——动不得

挑水的回头——过景（井）了

麻秸秆打狼——两头害怕

蝎子屎——独（毒）一份儿

磨道驴——听喝

耳挖勺炒芝麻——小鼓捣油

牛犊子追野猫——有劲使不上

老爷庙旗杆——独一根

筛子扣锅——气从眼里出

狗啃棒子——恨人

胡萝卜钉南墙——红角

坐着飞机放爆竹——想的高

傻子过年——瞧人家的

屎壳郎进驴槽——冒充大料豆

木鱼改梆子——挨揍的木头

张飞纫针——大眼瞪小眼

磕膝盖钉掌——出（蹄）题了

扳不倒儿过山海关——冒充人数

二郎爷缝被子——神聊

傻小子弹琴——没谱儿

吃了砒霜再上吊——死定了

屎壳郎钻灶火膛——拱火儿

大观楼看立体电影——一人一副眼镜

屎克郎坐飞机——一步登天

屎克郎戴花——臭美

坐轿子号丧——不识抬举

脚面深水——平趟

耪地端茶碗——豁着干

老虎吃天——没处下嘴

武大郎看豆子——不管铺

八月的柿子——越来越红

花市东口——真事

卢沟桥的狮子——没数

灶王爷发火——砸锅了

小米点灯——犯（饭）不着

小胡同赶猪——直来直去

死胡同赶车——行不通

娶媳妇打幡——掺乱

棺材里打架——死对头

手榴弹砸蒜——太危险

夜猫子报喜——没有好

作梦见阎王——死去活来

麻雀抬轿子——担当不起

断了背的椅子——靠不住

烟筒里招手——往黑道上引

王老道求雨——拖不过今年

南海飘来的木鱼——闯荡江湖的老帮子

告状的皱眉头——一脑门子官司

# 艺文杂记

采育历史悠久，文化底蕴深厚，留下不少经典文墨。不仅有“故山园上荒三径，采育村中寄一官”这样的文人诗作，也有“祖先故居叫什么？大槐树下老鹳窝”等地名掌故和散落在民间的地域传说，更有记录采育发展变迁的杂记。这些作品里，有采育人的才华风骨，也可管窥悠久的民间文艺，更凝结着深厚的故乡情结。这些文化符号和浓郁乡情，在代代流传中成为采育不可磨灭的记忆。

# 古诗

## 思归

〔明〕文肇祉[①]

花事阑珊春又残，好怀无着带围宽。
故山园上荒三径，采育村中寄一官。
亲旧常思难聚晤，儿书时获报平安。
何时早办归舟去，半掩柴门竹数竿。

（《文氏五家集》卷十三明文肇祉撰《录事诗集》）

## 采育里

〔清〕爱新觉罗·弘历[②]

京南富庶村，厥名采育里。
轻舆村外过，老幼路旁跪。
去岁此被潦，谓当艰窘矣。
审视无菜色，衣暖面多喜。
急赈及大赈，加赈二月里。
有司善推行，想皆实泽被。

---

① 文肇祉（1519—1587），字基圣，号鹰峰，长洲（今江苏苏州）人。明代中期著名书画家、江南四才子之一文徵明之孙。10次参加科举考试都没中。后来以诸生的身份选为上林苑录事，就职仅两年就辞官回老家。其能诗善文，兼工书法。

② 清高宗爱新觉罗·弘历（1711—1799），清朝第六位皇帝，入关之后的第四位皇帝。年号“乾隆”，寓意“天道昌隆”。

然未经见者，正复不少耳。

（《钦定日下旧闻考·郊坰南一》卷九十）

### 经采育里咏事

〔清〕爱新觉罗·弘历

闾阎富庶擅畿南，明设上林有旧谈。

苑监犹称遵汉制，中人杂用信阴男。

可知保障非他任，假曰输公济已贪。

牟利已乖王者政，属之若辈更何堪。

（清高宗爱新觉罗·弘历《御制诗集·四集》卷十二）

## 杂记

### 七十二连营之说的由来

何立轩搜集整理

明代，京南大兴采育一带的民众对槐树有一种特殊的感情，认为槐树是一种吉祥树，便在庭院、大门、路口、寺庙大量栽植。这样的习俗，起源于一个古老的传说。

明建文帝朱允炆登基后，由于藩王势力日益膨胀，于是采取一系列措施削藩。本来就野心勃勃的燕王朱棣借机发动“靖难之役”并取得成功。但是，当了皇帝的朱棣，觉得大明的江山社稷并不稳固，特别是被驱逐到漠北草原的蒙古残余势力仍不时侵扰大明边境。朱棣不顾大臣们的反对，决定迁都北京，到一线去消灭北部边患。后来，人们将这称为“天子守国门”。

但迁都不是件简单的事，朱棣前前后后共花了二十多年才完成。为什么花这么长时间呢？其中一个重要原因是，当时的北京地区由于连年战乱，人口大减，和南京相比，这里是地广人稀的“宽乡”。要想建都北京，必须从其他地方移民到这里才行，否则没有人口，经济上不去，也没法守住国门。

其实自明洪武年间（1368—1398），大规模的移民就已经开始了，到永乐年间（1403—1424），共组织移民18次之多，时间跨越半个世纪。由于当时战乱、天灾较少殃及山西一带，所以山西人口稠密，成了人口输出最多的地方。晋南洪洞县又是人口最多的县，移民也最多，所以山西外迁移民，就都集中到这里再迁往各地。

洪洞县城北二里处有一个村子叫贾村，贾村西边有一座广济寺，据说唐贞观年间（627—649）就已建成，寺院宏大，殿宇巍峨，僧众很多，香客不绝，可以说是那里的标志性建筑。寺旁有一棵巨大的槐树更是老远就能看到，树身数围，荫遮数亩，车马大道都从树荫下通过。汾河上的老鹳鸟成群成片在这里飞翔、驻足、觅食，在树杈上构筑巢窝，星罗棋布，甚为壮观。

由于此处远近闻名，官府就将这里作为外迁移民的集中地。山西各地的移民要先到县城周围的村庄住下，然后按顺序到广济寺办理移民登记手续，发放凭照、川资，从那里出发，按官方指派的方向，在官兵的监护下，分别迁往中原各地。

背井离乡，到遥远未知的荒芜地方安家，谁也不愿意啊！但移民是强制的，不去也得去。故土难离，大槐树下哭声连片，其声不堪卒听，其状惨不忍睹。有的抱住槐树不肯撒手，仿佛是拽着亲人的手，死死不放。官兵鞭打脚踢，开始驱赶，实在赶不动的，就用刀剑砍断人们拽着的槐树枝。被迫迁徙的百姓终究拗不过官府，只得与亲人挥泪告别，有的手上拿着断枝，有的揣起一抔黄土，拖儿带女，扶老携幼，手拄柴棍上路了。

人们一步一回头，大人们看着大槐树告诉小孩：“这里就是我们的老家，这就是我们的故乡。”至今，移民后裔不论家住何方何地，都说大槐树处是自己的故乡。大槐树渐渐变小了，望不到了，只有手里的槐树枝，成了家乡的象征。

为防止移民逃跑，官兵把他们反绑，然后用一根长绳联结起来。一路上官兵嫌其行动太慢，往往挥鞭抽打，路途上哭声不断，哀号遍野，其景凄惨异常。由于移民的手臂长时间捆着，胳膊逐渐麻木，不久也就习惯了，以后迁民们大多喜欢背着手走路，其后裔也沿袭了这种习惯。

一批批的移民，有的到了河南，有的到了河北，也有到其他地方定居的。其中一批来到了顺天府大兴县，在凤河沿岸定居屯田。为了恢复社会生产，官府在这里设立了蕃育署，管理牧养栽种事宜。

俗话说，金窝银窝不如自己的草窝。移民百姓思念家乡，因迁徙时基本上是按军队的编制，来自同一个县的就编为一营，到了大兴，每个县移民仍按编制聚居，久而久之就形成了一个村子。勤劳的人们在这片荒芜的土地上长年耕作，促进了北京地区社会生产的发展，一个崭新的家园渐渐呈现。

据说，那时采育一带凤河两岸，有三桥、四门、五台、八庙、七十二连营五大名胜。三桥分别是北大桥、西大桥、南大桥；而采育周围过去高高建起的土围墙上开出的东、西、南、北四门；七十二连营则是山西移民为了纪念自己的家乡，而用老家的县名来命名这里的新家。山西有一个长子县，这里就有一个长子营村；山西有一个沁水县，这里就有一个沁水营村；其他的还有解州营、霍州营、赵县营、孝义营等。移民共建了58个营，村民习惯上叫七十二连营，乃是虚指，形容其多。大兴曾流传一句老话："山西有一个县，大兴就有一个营。"虽然有些夸张，但也说明现在的大兴人，大部分都是那时山西移民的后裔。

在这里定居下来的人们，心中永远也不能忘记故乡。印象最深的，自然是离开前看那最后一眼的大槐树。于是，这一带的移民就在房前屋后、路口寺庙大量种植槐树，以慰思乡之情。有的人还烧上香，献上供品，朝槐树叩拜。家里有什么难事或灾难也面对槐树，祈求祖先保佑。随着时间的推移，这种做法沿袭下来，后来逐渐演变，由祭祖变成了拜神。槐树也就成了大兴人心中的吉祥树。中华人民共和国成立前，采育地区有很多老槐树，其中四五百年的槐树也不少，但是大多毁于"文化大革命"中，现在只有下长子营村还保留下一棵。

这些以营命名的村子，一个个紧密相连，在大兴的东南部凤河沿岸星罗棋布，范围涉及今天采育、青云店、长子营3个镇，很有军队作战布阵的格局特点。抗日战争时期，曾经有七十二连营吓跑日军的故事。据说，日本侵略者入侵中国后，在准备对大兴进行侵略的时候，有密探报，大兴分布着72个营，这些营镇紧密相连，实力不可估计。因为日军对这里的情况不熟悉，不敢贸然行动，只好撤军。直到现在，还流传着七十二连营吓跑日本兵的故事。

### 五台八庙七十二连营吓退日本兵

1937年7月7日"卢沟桥事变"之后，日本帝国主义大举进攻河北省北部地区，也就是包括现在的廊坊、通州、大兴、宛平、良乡、房山等地界，为非作歹，残害老百姓，从而激起了人民的痛恨，纷纷组织起来抗日，保家卫国。

1937年8月中旬的一天，有五六十名荷枪实弹的日本兵从刚刚建起的廊坊据点出发，向大兴地区进犯，计划在采育镇选择地点建立据点。当他们走到凤河营村村南的时候，遇到了一个岔路口，不知道走哪条路近，便停下来寻找老百姓问路。正在这时，从一条路上走来3位穿着破旧衣服的男子老百姓，他们发现日本兵之后想跑已经来不及了，就立刻走进花生地装作拔草，但是他们没有躲过日本兵的眼睛，被端着三八大盖枪的日本兵喊了过来。他们装作非常害怕的样子来到日本兵面前，浑身还有些哆嗦，低头不语，等待着问话。一个当官儿的日本鬼子"哇啦哇啦"地说了几句日本话，只见一个歪戴日本帽、腰别盒子枪、带有天津口音的翻译官问："皇军要去采育修炮楼，走哪条路比较近呀？你们要老实说，不然的话……"一拍自己的腰间："就让你们上西天！"

那位高个儿健壮的老百姓看看岔路口一指说："走这条路比走那条路近三里半地。"

翻译官立刻与日本官儿"嘟噜"几句日本话。

日本官儿点点头说："吆西！"一挥手。

日本兵刚要走，那位高个儿老百姓眼珠儿一转，立刻喊："老总太君，你们等等！"翻译官连忙用日语边招手边"嘟噜"……

日本兵们立刻站住，都莫名其妙地看着翻译官和3个老百姓。

翻译官向日本兵嘟囔几句后，就问高个儿老百姓："你要干什么？想找死呀？"

高个儿老百姓说："不敢不敢！老总，这条路是去采育的近路，可是……"

翻译官抢着问："可是什么？"

高个儿老百姓抬胳膊一指说："前边这个村子叫沙窝店营，过了这个村子就进入大兴县的五台八庙七十二连营了，听说各台各庙各营都有八路军埋伏，有好多迫击炮、机关枪和手榴弹，到处都埋着地雷，可厉害了。您要是去，千万多加小心，别中了八路军的埋伏。"翻译官问："是真的吗？"

高个儿老百姓说："我不敢欺骗皇军。"开始编假话，"上月初八，我老丈人来我们家看闺女时告诉我的，不让我往那边去，说不小心就会踩上地雷被炸死。"

翻译官问："你老丈人是干什么的？"

高个儿老百姓说："在村里当保长，是给皇军做事的。"

翻译官又立刻向日本官儿"哇啦哇啦"地说了一气日本话。

日本官儿听后点点头思考……

那位中等个头儿的老百姓壮着胆子说："老总，五台八庙七十二连营比机关枪和地雷还厉害呢，千万千万多加小心。"

那位胖老百姓急忙补充说："是呀！五台八庙七十二连营环环相扣，步步为营，跟狮子老虎一样，张着血盆大口，不小心就让它给吃了。"

翻译官问："真那么厉害？你们可别找死！"

中等个头儿的老百姓问："老总，您不是本地人，可能不知道它的厉害，如果去，一定要特别特别小心。"

高个儿老百姓说："老总，我们是为您和太君们着想呀！"

中等个头儿的老百姓说："老总，您看过《封神榜》没有？为了打败西岐，捉拿周文王和姜子牙，商纣王的谋士们摆了一个'绝仙阵'，浓烟滚滚，火光冲天，到处都是死门，进去就出不来，杀死了西岐许多大将。这五台八庙七十二连营就跟'绝仙阵'差不多，危险得很。"

翻译官立刻向日本官儿连说带比画，日本官儿听后，思考一会儿后，向身后的日本兵们摆摆手，示意后退，又向3位老百姓伸出大拇指致谢，然后挥挥手，率领日本兵们原路返回，向廊坊的方向走去……

那位中等个头儿的老百姓看看日本兵走远了，高兴地对那位高个儿老百姓说："阎老师，日本鬼子被您的五台八庙七十二连营吓跑了！"

那位胖老百姓说："没错儿！我看呀，连那个翻译官都不知道什么是五台八庙七十二连营！"

被称为阎老师的高个儿百姓说："我也是急中生智，没想到真把他们吓跑了。不过……"那位胖老百姓问："不过什么？"

阎老师说："不过这是吓他们一时，吓不了一世。今天他们认为自己人少，唯恐对付不了咱们的'五台八庙七十二连营'，所以跑了。咱们等着看，过不了多少日子，他们还会卷土重来的！"

原来，他们三人是到凤河营一带发动群众、串联团结抗日的八路军战士。阎老师说完日本兵肯定还要卷土重来后，那二人赞同地点点头，擦擦脑袋上的热汗，三个人的心情立刻沉重起来……

原采育古镇四周筑有高大宽厚的围墙，辟有东南西北四座城门，每座城门都是上下两层，上层是"敌楼"，可供瞭望与防守；下层是大门洞，安装着两扇左右开闭的铁大门，门扇上镶嵌着一行一行的鎏金馒头钉，白天开放，供行人、车辆往返；晚上关闭，没有特殊情况不开门。

那么，阎老师是何许人也？他是当时河北省大兴县凤河营村人，姓阎，名维翰，字墨缘，1901 年生人，“七七事变”前任凤河营阎氏私立小学校校长。是年，他积极响应共产党毛主席的号召，为了抗日，保家卫国，弃教从戎，奔走于家乡内外，积极串联抗日，很快便组织起“人民抗日自卫团”，被大家推举为团长，后被八路军冀中军区任命为游击第三路总指挥。1939 年 5 月 28 日，阎维翰在凤河南岸与日军作战中壮烈牺牲，时年 38 岁。阎维翰所说的“五台八庙七十二连营”就是今天北京市大兴区采育镇沿凤河两岸带“台”“庙”“营”的村庄。

抗日战争期间，在凤河两岸曾发生过多次大大小小的战斗，八路军虽有伤亡，但也消灭了许多日伪军卒，缴获不少武器弹药，大灭了日伪军的威风，大长了抗日军民的志气。那真是：

五台八庙七十二连营，
打击日伪坏蛋不留情。
弃教从戎老师阎维翰，
首先组织抗日自卫兵。
得天独厚宝地摆战场，
出生入死保卫老百姓。
抗战八年岁月威风显，
凤河两岸英雄留美名！

# 传说

## 凤河的传说

张友才搜集整理

很久以前，南海子（北京采育境域）水美草丰，泽渚川汇，嘉树甘木，奇花异果，禽兽鱼鳖，丰殖繁育，是走兽的王国，飞禽的天堂。这里鸟类尤其多，它们千羽一巢，百鸟翔集，争鸣斗艳，欢聚在一起，无忧无虑地繁衍生息。

又过了很多年，五代时期，有个叫石敬瑭的人想当皇帝，为讨好北方新崛起的契丹人所建立的大辽王朝，把燕云十六州割让给了辽。这十六州即幽、蓟、瀛、莫、涿、武、云、檀、顺、妫、儒、新、应、朔、寰、蔚。辽定幽州为陪都，称幽都府。从此，幽州南郊南海子这片鸟的乐园没有了安宁之日。

契丹原本就是以渔猎为生的民族，祖祖辈辈最喜欢的渔猎活动就是纵放猎鹰捕捉天鹅大雁，他们把这种活动称为“春捺钵”。猎鹰是被专门训练用以捕猎的一种猛禽，其中以海东青最凶猛。海东青羽毛乌黑，体长约三尺（1米），嘴呈钩状，产于黑龙江、乌苏里江入海处。因其从大海以东飞来，故而得名。海东青飞行速度极快，捕捉能力极强，能在高空中捕捉到比它重一倍以上的天鹅。在海东青的品种中，又以玉嘴玉爪最为名贵，只有帝王权贵才可拥有。后来有人曾在诗中写道：“内家喜爱海东青，锦靓挚臂翻青冥。晴空一弓雪花坠，连绵十里凤毛腥。”清宫廷画师、意大利人郎世宁就曾画有多幅蒙古亲王及朝鲜国等进贡给乾隆皇帝的纯白色的海东青图画。

辽国的王爷们很快就发现南海子是个放鹰捕鹅的绝好地方，经常骑马架鹰率随扈近侍到此渔猎。这样一来，南海子内的众鸟可就遭了大殃，每天都有很多鸟死于王爷的鹰爪之下。南海子上空鸟雀哀声一片，于是众鸟商议，为救众生，须筑台引凤，请来百鸟之王，此地方可安宁。大家主意已定，齐心合力，衔泥筑台，很快就筑起一座迎凤台。不负众鸟所望，不久，果真迎来一对凤凰。这对凤凰，头似雄鸡，颈似花蛇，领似飞燕，背似神龟，足似仙鹤，尾似孔雀，头青、颈白、嘴红、胸黑、爪黄、彩尾，身高六尺（两米）有余，五彩并举，耀眼夺目。众鸟见此情景，兴高采烈，飞上天空，回折盘旋，遮天蔽日。迎凤台上，欢声一片拥戴鸟王，希望能保一方安宁。

这一天，王爷率众多随扈侍卫又来到南海子放鹰捕猎，当骑马架鹰来到迎凤台旁，忽见一对天鹅从上空飞过，王爷拍了拍架在胳膊上的猎鹰，示意让猎鹰腾空搏击。只见猎鹰展翅飞起，冲向空中。不料还没飞多高，就滑翅折回，又落在王爷的臂膀上。王爷又试了几回，猎鹰均中途折返，无功而回。原来，凤凰乃百鸟之王，猎鹰见了，也早已惧怕三分。

王爷不知何故，十分恼火。出来几天，一无所获，非常扫兴。这时，他忽然发现不远的土台子之上，落有一对大鸟，五颜六色，十分耀眼。王爷一见，心中已明白几分：

鹰不敢捕猎，皆因惧怕这两只大鸟。王爷恼羞成怒，率随扈侍卫，骑马带箭直奔凤凰所落土台，距台不远，勒马张弓，瞄准欲射。凤凰发觉后即腾空而起，直冲云天，一面盘旋，一面呼叫，让百鸟赶快进入丛林躲避。听到鸟王呼唤，众鸟立即飞进丛林。王爷见状，更是火冒三丈。看那光彩夺目的凤羽，听那高亢悦耳的凤鸣，王爷更加不肯罢手，遂令手下骑马拼命追击，并命他们对准空中凤凰乱箭齐发。可怜一只凤凰不幸中箭，被射下一支带血的尾羽。凤凰受伤后，血流不止，大声鸣叫着，但它依然展翅愤然向东南方向飞去，终因失血过多坠落在山东沂蒙境内，化成一山，后人称之为“凤凰山”。

凤凰的那根五彩尾羽，飘然落地后，霎时化作一条波涛汹涌的长河。河水涌向王爷一伙，很快把他们卷入滚滚的波涛中。须臾，风平浪静，河水碧波粼粼，色彩斑斓，如彩凤闪耀着夺目的光辉。从此以后，人们就把这条河称作凤河了。

由于有了凤河，南海子和凤河两岸，更是林木葱茏，平甸碧野，广阔无垠。据说，凤河“虽隆冬冱寒，水亦不冰”。明清时期，凤河流域属东安县，“凤河春波”当时被列为东安八景之一。

## 聚燕台的生死恋

范云龙搜集整理

清康熙年间（1662—1722），“大兴八景”里有一景是“燕社鸣秋”。据说在采育镇东南有一个六七米高的土台，叫聚燕台，每年秋天，燕子要离开北京到海南岛避寒，都先到聚燕台聚齐，在这里鸣叫两天，然后一同飞往海南。所以，每年秋天，都会在聚燕台出现一次“燕社鸣秋”的景观。

燕子是不是每年在这里聚齐，后来人谁也没瞧见过，咱们不说燕社鸣秋，单说在采育一带，流传着一个有关聚燕台的故事。

很早以前，不知道是哪一年了，离聚燕台不远的地方，有一个财主，他有多少地，没人知道，单单知道他家大业大。老两口只有一个女儿，名叫红儿。红儿真可以说是她爹妈的眼珠一样，长得美丽又聪明，财主夫妻俩非常疼爱他们的女儿。小时候，红儿常到地头上玩耍，掐点野花，编个花篮儿，或捉个蜻蜓、蟋蟀什么的，玩得挺痛快。最叫她高兴的，就是她认识了一个小朋友，名字叫小燕。小燕是村东头于老汉的儿子，生得聪明伶俐，于老汉、于大娘爱小燕，也和爱眼珠子一样。于老汉很穷，夫妻俩只种了两亩地，够上吃的够不上穿的，小燕就天天帮助爹妈捡些柴、挖些野菜什么的，以贴补家用。

红儿在地头上认识了挖野菜的小燕，两个人都是七八岁，很快就熟识了，红儿喜欢小燕，小燕也喜欢红儿。红儿帮小燕挖野菜，红儿很聪明，她知道哪些野菜可以鲜着吃，哪些野菜可以晒干了冬天吃。小燕也帮红儿掐野花，编花篮儿。可是红儿总是说："小燕哥哥，还是我帮你挖野菜吧，野菜可以吃呀。"有一天，他们在一起玩儿被老财主看见了。回家后老财主对女儿说："红儿，以后你别跟于家那个穷孩子玩了，留神沾上穷气！"红儿不懂得什么叫穷气，还是常常和小燕一起玩。

一来二去，红儿和小燕都长到十二三岁，一起玩了五六年的小朋友，情意更加亲密了。老财主实在不愿意看见他们在一起，就跟老伴儿说："咱们红儿，一年比一年大了，别叫她跟于家那个穷小子玩了。"他的老伴儿也附和："对，对！咱们孩子，总算是个小姐，这么大的小姐，哪儿有老出门去玩儿的？"打这儿起，他们就不叫红儿出大门，红儿成了不出街门的"小姐"。可是红儿总是想念着小燕，小燕也总是牵挂着红儿。红儿有时候站在后花园假山上，偶尔能和在墙外走过的小燕说上几句心里话。心里话是说不完的，可恨全被这段墙隔开了。一两年间，红儿学会了绣花，奇怪的是她绣的花朵怎么也没有她绣的燕子像真的。红儿绣了99只燕子，都送给了小燕哥哥。这一天她绣完了第一百只燕子，嗬，这只比那99只燕子还精神，她自言自语地说："这回，小燕哥哥一定更喜欢了，这燕子要会飞会叫该多好啊！"话还没说完，就听"忒儿"的一声，绣出的燕子飞起来了，"燕燕哥哥，快快躲躲"地叫着飞出了红儿的房屋，不知飞到哪里去了。红儿惊呆了，她想，用线绣的燕子，怎么会飞起来呢？她猜不透。再说那燕子飞出了红儿的房屋，一直飞到于老汉的房檐上，仍旧叫着，"燕燕哥哥，快快躲躲"。于老汉很奇怪，燕子为什么这样叫呢？谁也猜不透。

祸事就发生在这天晚上。原来，红儿送给小燕的绣花燕子，早被老财主看在眼里。他想，这是"家丑"，家丑不可外扬。于是花了一百亩良田，买通了知县大老爷，只要把小燕发配到很远的地方，就算心满意足了。知县大老爷哪管什么合理不合理，只要把地拿来，说怎么办就怎么办。知县收了老财主的贿赂，就昧着良心，派人把于家小燕抓来了，不问青红皂白，给小燕加了一个"私通盗匪"的罪名，发配到海南岛去了。于老汉、于大娘虽然知道儿子是被冤枉的，但在那时，穷人的冤屈，又能向谁说呢！

自打第一百只燕子飞走了以后，红儿心里老是惊惊慌慌的，不知她的小燕哥哥出了什么事。她天天上假山上去看，再也看不见她的小燕哥哥走过来，心里更不踏实了。这一天她去看爹妈，走到窗根下，就听爹跟妈说："于家这个小畜生，这一发配到海南岛，就永远也回不来了。"她妈说："赶紧给咱红儿找婆家，免得再出什么事。"红儿在窗外听了爹妈说的话，耳朵里嗡的一响，头上像打了个雷一样，她不再进爹妈的屋子，回到自己房里。她想不出小燕哥哥犯了什么罪，虽然知道这是爹妈捣的鬼，却也没有法子救回她的小燕哥哥，打这儿她就病倒了。

红儿病倒以后，还盼着她小燕哥哥回来，由春盼到秋，连小燕哥哥的影子也没盼到。这一天，忽然房檐下落下一只燕子，嘴里叫着："燕燕哥哥死死死，燕燕哥哥死死死！"叫的声音悲惨极了，仿佛燕子也落下泪来一样。红儿更惊慌了，她对这只燕子说："燕子弟弟，小燕哥哥死了吗？"燕子叫了两声："死！死！"红儿说："如果小燕哥哥死了，请你围着房檐飞三个圈儿。"燕子真的飞了三个圈儿，红儿当即晕倒，燕子也飞走了。红儿一醒来便哭，一直哭到眼睛流血。

一天晚上，红儿在悲痛中死去。老财主和他的老伴儿知道女儿死了，悲伤痛悔。第二天清晨，老两口商量把红儿埋了，埋到哪里呢？就埋在村子南边吧。日久天长，红儿的坟墓成了一个六七米高的大土台，上面长出了各种奇花异草。每年秋天，燕子要回海南的时候，总是先到红儿姐姐坟上来聚齐，唱一两天的歌儿，问问红儿姐姐有没有什么信捎给小燕哥哥，然后离去。这就是聚燕台的生死之恋。

## 五鬼戏"洋鬼"

**范云龙搜集整理**

采育镇北门外有座真武庙，虽年久失修，但景色宜人。高高的庙台，青砖砌的十字花墙，院里有一棵歪脖儿榕花树，倍儿绿的树帽，点缀着许多粉红色的花朵；西南角有一棵挺拔的钻天杨，大叶子被风一吹，哗啦哗啦山响。北大殿房高脊大，瓦垄里杂草丛生，前檐下那土红色斜象眼窗棂上下糊的纸都没了，中间两扇门紧闭着，很久没人进去了。攀着窗户往里看，黑乎乎的，正面神台上塑着的泥像，披头散发，手持宝剑，旁边东倒西歪几尊泥胎也看不清。然而，故事就在这里发生了。

清光绪二十六年（1900）农历六月，八国联军占领天津，经廊坊直扑北京，路过采育镇。一伙洋人到采育北头，见到真武庙，觉得环境优美，建筑独特，想歇歇腿、观观景，就停步下马。十几个洋人上了庙台，坐在花墙上吸烟赏景。一个小头目手持马鞭好奇地走到正殿门前，往里一推，门开了，他刚一迈门槛，忽然觉得脚底下一沉，腿一软，身子往前一倾，当时，只听吱扭一声，从门后两边各转过一个“小鬼”，手提锁链，哗啦一抖往他脖子上甩过来，将他按在地上。紧跟着又转过两个各执狼牙木棒的“小鬼”，就往他屁股上打。再看侧面的泥塑判官，下巴颏张开，不断地往外吐舌头。这突如其来的一通乱打，将他吓得死去活来，咿哩哇啦乱叫。庙院吸烟的洋人闻声端着枪跑进来，定神一看，都是泥塑，没有一个人。洋人恼羞成怒，点火烧了庙堂。庙虽然被烧了，但“五鬼戏洋鬼”的故事却在民间流传着。

原来，当初建这座庙的时候，不知是什么用意，安装了一套“销器儿”，一迈门槛，里面是一块踏板，踏板一动，带动其他机关，泥塑就会引动。

中华人民共和国成立前夕，人们见到的真武庙是后来重建的。

## 义和团的传说

范云龙搜集整理

这个传说得先从常少爷说起。

常少爷的父亲在朝廷里当兵部尚书，是个大财主。常少爷仗着官洋两面势力，横行乡里。谁要惹了他，用不着进京去见他父亲，跟当地衙门说一声，就能把人整治得家破人亡。可是，义和团一进来，头一仗就把常少爷的家给抄了。

常少爷吓得逃进了安次县城，他想让县官和洋人出兵，捉拿义和团。谁知义和团遍地都是，县官和城里的洋教主都不敢出城，常少爷连吓带愁，病倒了。有个衙役叫黑三，从前是土匪，由于手黑，当上了衙役的班头。他见常少爷一病，就动了心。

“少爷，干吗不去朝廷见尚书大老爷呢？”

“唉！我怎么不想去，可是路途遥远，义和团又那么多，碰上就怕脑袋搬家了！”

“少爷，平时您待我不错，这回我愿意替少爷效劳——进京给常尚书送信，可是……”

常少爷一听就明白黑三的心意了：他想多要钱。可是常少爷眼下没钱，只好找来洋教主，洋教主巴不得有人去北京西什库的总教堂送信呢，张口就给二百大洋。

黑三带着常少爷和洋教主的信偷偷到了北京城。

常尚书得知义和团抄了他的家，少爷也吓病了，火冒三丈，马上就去见太后老佛爷，请命要亲自带兵去抄义和团；西什库的总教主闻讯也去见太后，要朝廷出兵剿灭义和团。西太后又恨义和团造反，又怕洋人，就赐给常尚书一把“尚方宝剑”，命他带领一千官兵，两门大炮，出京去打义和团；洋教主也派了一个洋马队跟常尚书一同出发。

这老家伙平时就杀人成性，这回，他想把安次县的义和团都杀光。可是常尚书一进大兴县就胆虚了，原来大兴县也有义和团了。安次的义和团不光多，而且杀了从天津来的洋人，占领了铁道线。常尚书知道这些消息以后，吓得再也不敢轻举妄动，忙把官兵驻扎在采育镇。

这时候，他想了个主意，对洋马队的洋官说：“洋将军，这仗不能打了！义和团把从天津来的带有洋枪、洋炮的八国联军都杀掉了脑袋，咱们不是白去送死吗？”

“这么说，中国人就白烧了我们的教堂，白杀了我们洋人了？不打不行！”

“洋将军既是一定要打，这么办好吗？”常尚书说：“耳听为虚，眼见为实。明天你们先去安次县趟趟道，要是实情，你们有洋枪能护身，有洋马跑得快，就赶紧回来，咱们再做打算；要不是实情，你们就一边往安次县里打，一边派人给我们送信，我马上发兵。”

“这样也好。”

常尚书撺掇好了洋马队明天去趟路，就把黑三叫来，把打仗的事说给黑三，又嘱咐他：“你马上赶回安次县城，告诉少爷不要害怕。明天洋马队要是没败，后天我就去安次县杀个血流成河。洋马队要是败了，我会另打主意，反正咱们跟义和团势不两立。”

黑三还和来时一样，不敢穿村过店，不敢走阳关大道。刚出凤河营不远，忽见大道上来了一个小孩，走路挺急，肩上挎着个小红包袱。黑三想：那红包袱里可能是财宝吧，这漫荒野地的没有别人，一个小孩子还不好收拾？黑三于是窜上大道，快步朝着小孩迎了上去。

这个小孩是谁呢？

小孩叫小喜，是义和团的开路童子。小喜家原来有一亩菜园子，爷俩靠种菜卖菜过日子。当地一个富豪，依仗官府势力害了他爹，霸占了他家的菜园，后来小喜就参加了义和团。今天，小喜是奉大师兄之命，到别的地方撒帖子请团，杀洋人。小喜撒帖子请团路上得吃饭，就带了几个大窝头，没处放，就把红包头解下来，包好窝头，挎在肩上。

小喜急急赶路，猛听旁边有人喊叫：“兔崽子！快把那红包袱放下，要不就要你命！”小喜扭头一看，旁边小道上跑来个大人，听喊声小喜明白了，他准以为这包袱里是财宝呢。既拦路抢劫，准不是好人。可是漫荒野地，怎么对付他呢？小喜转身紧跑，想把他引进一个村里。谁知那人紧追不放，孩子的步不如大人的步大，眼看就要追上了。小喜可急坏了，正好前面有块菜园子。小喜想：既有菜园准有井。他赶忙朝菜园子跑去，那里果真有井，小喜忙把包袱摘下来，扬手就扔到井里。那人来到跟前对小喜叫道：

“为什么把包袱扔到井里？”

“怕你抢去！”

“包袱里是什么？”

“有六个金元宝！”

那人一听，又贪又气，抓住小喜就要打。小喜一见他信以为真，一边挣扎一边说：“你先别这么凶，刚才我扔的时候，听水响，井准不深。你快去看看吧，还许能捞上来呢！”

那人立刻放开小喜，忙趴到井边去看。小喜趁势从后边一抄腿，那人脑瓜朝下“咕咚”扎进井里。井口溅上来一片浑水，原来真是个浅井。小喜掀下几块沿砖，朝下一看，那人已经翻过身来，井水到他当腰，正抱着脑袋往下捞泥水。小喜扬砖就要朝下砸，那人立刻央求道：

“饶命啊，小祖宗！我是给常尚书送信的！”

“常尚书？”小喜眼珠一转，“怎么回事，你快说清楚！”

黑三一听，觉得说了实话小喜准能饶他呢，就把常尚书的“军机大事”全盘端了出来。这样的害人精哪能饶他！小喜听完连砸了十几砖，黑三的脑袋开了花。小喜三步并两步跑回来见大师兄，把常尚书的“军机大事”告诉了大师兄和兄弟们。没容大师兄发话，弟兄们都火了。

“咱们去采育捉拿狗尚书，就是皇上来了也要他的脑袋！”

“先去杀那洋马队，为中国人争口气！”

大师兄忙说：“大家先别嚷嚷，常尚书和洋马队来了就甭想再回去了。可是咱们大兴县的义和团刚刚起来，人还不多，要尽快联合安次县的弟兄们，一起消灭他们。”小喜自告奋勇地说：“我去廊坊请团，绝不误事。”

小喜说完，大伙就商量出一个好主意：联合安次县的弟兄们，先堵截南去的洋马队，然后返回杀常尚书。

从采育到安次县的路上，得穿过一片杏树林。这正是阳春三月，杏林特别茂密，杏花开得一片粉红。洋军官带着马队在大道上走，见大道伸进了杏林，就一直打马朝杏林奔。他们哪知道，大师兄带着弟兄们早在这里等着呢！洋马队刚进杏林，猛听一声呐喊："杀洋马队呀！"

就见树枝一摇，花瓣一飘，"嗖！嗖！嗖！"从树上跳下许多义和团好汉，摆刀扑向洋马队。洋马被揪住嚼环，洋人被扯下洋马，大刀"呼"地便砍下去！洋人都掉了脑袋，洋马归了义和团。安次县的大师兄笑呵呵地对弟兄们说："头一仗打胜了！咱们一齐朝采育，杀常尚书去！"

义和团由大兴县的大师兄带路，急速北行，悄悄地埋伏在采育南边的一个小村里。大师兄一边招待兄弟们吃饭，一边让小喜打扮成卖鱼的，又派两个弟兄陪同先进采育摸底。约定：情况摸清以后，在采育的大戏楼顶上竖起一面义和团大旗，只要大旗一飘，义和团的弟兄们几袋烟的功夫就能进采育。

大师兄一边休息，一边望着大戏楼，心里惦念着小喜。小喜和那两个弟兄担着两桶鲜鱼，一边吆喝一边走，串遍了采育镇。等情况摸清后，他们三人互相一使眼色，便各自分手走了，两个弟兄奔向戏楼，小喜奔向常尚书的公馆。

小喜到了常尚书的公馆门口，说有军机大事要见常尚书。一听军机大事，把门的官兵连忙进去回禀。常尚书以为是洋马队派来送信的，忙叫小喜进来。小喜腰里围着一面义和团大旗，藏着一把短刀，本想见了常尚书，假说是洋马队派来送信的，趁他措手不及把他杀了，好去毁那两门大炮，再把义和团的大旗插起来。小喜长这么大，还是头一回见这么大的官儿呢。进去一看，常尚书左右排着两队持刀的武士，这怎么能杀常尚书？小喜一着急，脸上"哗"地出了一片汗珠子。他眉头一皱，看看那两旁持刀的武士，立刻假装哆嗦起来。常尚书一看，小孩不过十五六岁，身穿不肥不瘦的夹衣裳，显得精神、壮实、利索，可他一进门就直冒汗，直哆嗦，吓得连步也不敢迈了。忙问小喜：

"你见我有什么事吗？"

小喜张了张嘴没说话。

"你说呀！怕什么？"

小喜望着武士又张了张嘴没言语。

常尚书立刻明白了：这孩子准是头一回进官府，怕这些持刀的武士，便忙对武士们说："你们下去吧，没有我的吩咐谁也不准进来见我！"

武士们立刻都走了，屋里只剩下常尚书和小喜。这时候小喜忙擦擦汗，立刻就不哆嗦了。

常尚书便问小喜："有什么事，你可以痛痛快快地说了！"

"你过来。"

常尚书走过来，小喜也忙凑到常尚书跟前，突然迅速伸手"哧"地抽出常尚书腰间挎的那把尚方宝剑。常尚书觉得不妙，刚一扬头，小喜已经抡剑砍下，咔嚓一声，常尚书的脑袋应声落地。

小喜急忙从死尸身上摘下剑鞘，把剑插好，扛着宝剑朝外就走，见有尚方宝剑，守门的官兵不敢过问，小喜大摇大摆地走出公馆。街上往来的官兵一见尚方宝剑，回避的回避，回避不及的忙跪下磕头。真是见剑如见皇帝啊！小喜理也不理，急急朝戏楼走去。

采育镇上有个大戏楼，站在楼顶上不光能看清全采育镇，四处也能看出六七里。戏台上放着常尚书那两门大炮，上面还插着一杆"常"字的大旗，有一队官兵把守。小喜来到戏楼前，一晃尚方宝剑，对守炮的官兵喝道："常大人有令，叫你们都回营房去！"

官兵一见尚方宝剑，跪在戏台上咚咚磕响头，爬起来都走了。这时候，街巷里立刻走出那两个弟兄，一个弟兄担着两桶水，一个弟兄搬来一个大梯子。三人一齐上了戏台，小喜拔下常尚书的大旗，从腰里掏出义和团的大旗，往旗杆上一套；担水的弟兄提起水桶，朝炮筒子里就"哗哗"灌水；扛梯子的弟兄把梯子朝戏楼沿边一搭，放个牢靠。小喜肩扛大旗，顺梯子上了戏楼，一摇旗杆，义和团的大旗"扑啦"展开啦！

安次县和大兴县的两位大师兄，正在村口眺望，一见戏楼上飘起了义和团大旗，这才把提到嗓子眼的心"咕咚"咽到肚里。两人对脸一笑，忙各自招呼弟兄：

"往采育开呀！专杀官兵，不许伤害百姓！谁犯了团规，定斩不饶！"

安次县义和团上了洋马在前，大兴县的义和团手握大刀紧跟在后，开进了采育镇。

官兵一见义和团突然杀进了采育镇，当时乱了营。那些头目们，慌忙集合官兵，妄图抵抗。领马队的大师兄一抖嚼环，马队立刻扑进了官兵群，连闯带撞，连踢带踏，冲得官兵连喊带叫，连滚带爬；大兴县义和团紧跟马队左右杀了上去，二百多把大刀一齐抡，官兵还没准备好呢，脑袋已经滚下脖子了。刚收拾完这队官兵，大师兄在马上一望戏楼正朝西边飘摇呢，立刻打马朝西边奔去。西边正有一队官兵举着刀枪喊叫着杀了过来。不管三七二十一，马队冲上去，成队的官兵被撞得左右乱跑，后边的弟兄们奋勇扑上去，正好抡刀砍兔崽子们。小喜手握大旗，站在戏楼上，见东边来了一队官兵就朝东边摇旗，见北边来一队官兵就朝北边摇旗；两县的义和团紧紧傍在一起，随着大旗摇晃的方向冲杀，官兵哪能抵挡得住！

可是，有一队官兵围住了戏楼，领兵的下令调大炮，一门大炮朝小喜轰，一门大炮朝义和团轰。谁知官兵刚一调炮，炮筒子里“哗”地流出水来了！领兵的见大炮不能使了，忙又下令：快立梯子爬上戏楼，捉住小孩砍脑袋。小喜并不慌忙，手中紧握大旗，眼盯着全采育镇，哪里有官兵就朝哪里摇旗。见梯子头上爬上来一个官兵，小喜猫腰揭下一块瓦，朝官兵的头上打去，官兵号叫着摔了下去。一会儿，官兵一个接一个地爬上了梯子，小喜扬脚一踹梯子头，梯子朝后一仰连梯子带官兵整个摔成一串糖葫芦。领兵的急了，对官兵号叫着：

“放火烧戏楼！看那小崽子往哪跑！”

这时候，常尚书那一千名官兵已被义和团杀得死的死，逃的逃，只剩下戏楼边的一队，小喜这才朝戏楼这里摇旗，官兵点着火把正往戏楼扔呢，义和团已经杀来了，连闯带杀，数这队官兵死得多，那个领兵的被马踏成了烂柿子。弟兄们立好了梯子，把小喜接下来，小喜连一根汗毛也没烧着。

这一仗可把洋人和官兵打含糊了！常尚书的官兵还逃走了一些，洋人连马都让义和团给“架”过来了。逃走的官兵带着常尚书的尸体见太后老佛爷报丧去了。

## 金二把

*范云龙搜集整理*

中华民国初年，采育镇潘铁营村有个著名的车把式，姓金，弟兄四人排行在二，人送绰号“金二把”。

有一年正月，他经人介绍到廊坊南浑河套一个大地主家去当车把式。上工的第二天，掌柜的吩咐金二把套上 7 头大骡子去拉垫脚，而且指名让原来驾辕的大黑骡子拉长套，拉长套的骡子驾辕。很明显，地主一是要考验考验金二把是否会拴七大套，二是看他如何驯服牲口。金二把久闯江湖心里当然明白。

金二把按照掌柜的指示把套拴好，把牲口套上，装了满满一大车垫脚。车赶到垫脚堆下，金二把让小扛活的在垫脚坡上挖个坑，故意将车往坑里赶。误车后，拉长套的“大辕骡子”乱踢，闹的别的牲口也使不上劲，车赶不上去。这时，金二把问掌柜的：“您的牲口让打吗？”掌柜的答道：“只要用鞭子打，打死白打；如果用别的家什，捅一下也不成。”听了掌柜的话，金二把站在车辕上，双手摇着大鞭，高声吆喝牲口，别的骡子刚绷上劲，拉长套的“大辕骡子”又踢了起来。只见金二把抡起大鞭，照准“大辕骡子”耳台子狠狠打去，鞭子一落，“大辕骡子”应声倒地，但起来后，“大辕骡子”仍然又踢又蹦。金二把抡圆了又是一鞭子，“大辕骡子”扑通一声又被打倒在地。这一次，“大辕骡子”缓缓地站起来后浑身颤抖。金二把下车，给“大辕骡子”松松瓣子、抖抖夹板，挠挠头上的毛。然后金二把再次跳上车辕，大鞭子一挥，喊了声“嘚儿……驾”，“大辕骡子”再也不踢了，7 头骡子一使劲，大车顺利地赶上了垫脚堆。

同时，金二把把鞭子交给了掌柜的，掌柜的忙问金二把要什么条件，金二把理直气壮地说：“一年 20 石的工钱少，必须涨到 30 石！”掌柜的十分欣赏金二把的赶车能力，二话没说，满口应承。金二把在这家赶车一连干了十几年，在浑河套一带远近闻名。

## “四大汉”的传说

范云龙搜集整理

中华人民共和国成立前，采育镇沙窝营有四位人高马大、膂力过人的壮汉，人称“四大汉”。绰号分别是“僧爷”“包爷”“赵二”“大罗锅”。

“僧爷”，姓阎，是个手艺精湛的油匠，据说他曾经给袁世凯油过棺材。而且他力大过人，三五百斤的重物搬动自如。

“包爷”，姓郭，是个挑挑做买卖的小贩。他曾经挑着一百多斤鸡蛋到天津去卖，卖完后又立即往家赶，二百多里的路程当天打来回。

“赵二”，排行老二，为人老诚，力大无穷。有一次，老街坊的房柱子糟了需要更换。照通常做法，要在有经验的木匠的指导下，至少三个人支千斤打牮。本村这个老木匠却对主人说：“你只要把赵二请来就全齐了。”一个雨天正好地里没活，主人请赵二说是帮忙换柱子，赵二二话没说，就来到了主人家里。老木匠把换柱子要赵二扛大柁的事一说，赵二有了精神准备。然后，在房柁下柱子旁边垒好了砖台，垫上板，赵二上了砖台，舌尖顶上膛，丹田一较力，硬把房柁扛了起来。木匠赶快把糟了的柱子撤出来，把准备好的新柱子换上去。但是，新柱子的尺寸高了安不上，只得放倒了用锯锯掉一寸，再立起来安好。这样，反复更换，赵二硬是憋了一口气坚持了下来，可赵二力扛千斤也确实筋疲力尽了。为此，村里人为他留了个歇后语："赵二扛房梁——顶到家儿啦！"

"大罗锅"，也是姓阎，身高近两米，背有些驼。有一次村里人和他打赌，说是小马坊村东口有一架木柁，如果你一个人一口气扛回家，柁就归你。"大罗锅"应赌，就和设赌人、中人、看热闹的一块来到小马坊东口。"大罗锅"抄起柁的一头，用力一颠就把柁扛上了肩膀。他大步流星地往回走，其他人都得小跑紧追。小马坊离家十来里路，约莫40分钟就到了家。"大罗锅"把柁放在了自己家的院子里，脸上露出了胜利的微笑，设赌人、中人和同去看热闹的人无不竖大拇指称赞。

## 石马驮石碑的传说

范云龙搜集整理

采育镇沙窝营村北有个大沙岗子，人们称它为"北楼"。北楼原来有一座奇特的石雕——石马驮石碑。这里有什么典故吗？有。

据老人说，清乾隆年间（1736—1795），皇宫里有一匹外国进贡长着犄角的烈马无人能驯服。乾隆皇帝贴出皇榜，如果谁能驯服这匹烈马，朝廷必有重赏。当时，沙窝营村有个姓王的壮汉，武功马术超人，他揭了皇榜，进宫驯马。

王壮士被宫廷武士带到一个垒着三四米高围墙的大院旁，说这里就是圈着那匹烈马的地方。王壮士纵身上了高墙，那匹烈马立刻咆哮飞奔而来。

只见那匹马身高两米多，体长三米多，干棒腿，大蹄碗，鬃尾乱套，其精气神真如雄狮猛虎一般。王壮士看罢，从心底里爱上了这匹骏马。他穿上事先准备好的"铁鞋"，浑身上下收拾得紧衬利落，待到烈马蹿至切近下落的时机，从墙上一跃而起，纵身跨到了马背上。那匹马见有人骑在了背上，顿时前腿立起，后腿乱踢，妄图将骑马人甩到地上。

哪知王壮士双手紧抓马鬃，双腿夹住马肚，身子紧贴毛背，任凭烈马怎样折腾都无济于事。相反，当烈马略微平静一点，王壮士就用铁鞋狠磕马肚，烈马疼痛难忍，奋力飞奔，快到对面高墙时，王壮士紧夹马肚，两手用力抓住马鬃猛然上提，人借马力，马借人威，这匹烈马一跃而起，竟然跃过了三四米高的围墙。烈马漫无边际地狂奔，王壮士伏在马背上只听得呼呼风响。但只要马的速度一慢，他就用"铁鞋"狠磕马的肚子，促马继续飞奔。

就这样，烈马驮着王壮士整整奔跑了一天，累得浑身颤抖，四腿冒汗，再也跑不动了；王壮士也觉得筋疲力尽，四肢乏力。王壮士跳下马，用手抚摸着马头，挠挠马背；马也轻轻地用嘴拱着王壮士的身体，相互表示亲昵。

烈马被王壮士驯服了。王壮士前面走，那马就乖乖地跟在后面；王壮士骑上马，马就不快不慢地回到了皇宫。

乾隆皇帝得知王壮士驯服了烈马，非常高兴，也很赏识王壮士的能力。皇上决定，除了奖赏之外，还有意收王壮士为宫廷卫士。不料，王壮士由于劳累紧张过度，流汗过多，受了风寒，不幸于三天后病卒。

乾隆皇帝得知后很是惋惜。除重重地赏赐了王壮士家一大笔财物外，又令人为王壮士刻了一个石马驮石碑，并亲笔撰写碑文表彰王壮士的勇武，将碑立于王壮士的家乡——沙窝营村北楼，以示纪念。

## “要做官，问贺三”

资料来源:《大兴县民间故事集》

清光绪年间（1875—1908），八国联军仗着洋枪洋炮，打进北京。一通烧杀抢掠，光无价之宝就被抢走无数，有些带着走不方便，就以无几的价钱拍卖了，散失到了民间。后来西太后回到皇宫里一看，她最喜爱的一对象牙雕刻的鸳鸯床不见了，就给大臣下令，务必找回心爱的宝贝。为此事，好几个文臣武将都因办事不力被免官杀头。

话说京南采育镇北有个河津营，村中有个穷得掉渣的人叫贺三，老两口过日子。贺三年轻时在北京打鼓度日，北京遭洋人抢劫后，他见有人收破烂发了财，就动了心，摇起拨浪鼓，挑起担子，串街走巷收破烂。没多久，就把本钱搭光了，只好收拾烂摊子回到河津营，住在村头的一间土坯房里。他既没有地，也无力气去扛河打短工，只得靠拣粪卖钱换回点粮食，老伴为人做点针线活糊口。

一天上午，贺三背着粪筐，拿着粪叉，顺大路捡粪，在村北碰上一个骑白马、穿长袍马褂官人模样的人与卖油条的王小七争吵。上前一问得知，骑马人刚才路遇王小七，喊住他，吃了一个烧饼一个油条，吃完后一摸兜没带钱，骑马人说:“小哥哥，我没带钱，回后给你送来。”卖油条的王小七不干，骑马人又要用长袍抵押，王小七不要，俩人正争执不下。贺三得知缘由后，见骑马人确无欺诈王小七之意，就掏出兜内仅有的四文钱给了王小七。

待王小七走远，骑马人问:“你叫什么名字，日后也好有个报答呀！”贺三把背筐掂掂，摆摆粪叉说："四文钱我花得起，不值得我卖名卖姓的，再说出门在外，这还不是常事。"骑马者又说："我给你开个条，日后进北京可以去找我。"说着掏出笔，垫在膝盖上写起来，写完后，盖上印章，交给贺三。贺三大字不识，扫了一眼，折叠好掖进腰间的口袋里。骑马人又说了几句客套话，骑马走了。

这年夏旱，贺三每天拣粪连吃粥的玉米面都挣不回来。一天，老伴洗衣服看见那个纸条，一问贺三，贺三才记起这码事。老伴说："他跟你朋友相称，又写了纸条，不行就找他试试，借点粮食吧！"贺三长叹一声，望着照见人的稀粥说："那算什么朋友，也许不认识我了。"老伴还是再三劝说，贺三才答应。

第二天，一早起，贺三就背着粪筐，步行进京了，傍晚，才按字条找到地址，一瞧门脸，贺三的心就打鼓了，红漆大门，高门楼，前出廊后出厦，深宅大院，连高墙上都镶着红砖绿瓦，大门内外两侧坐着四个听差回事的，很是气派。

贺三在门前徘徊很久不敢进去，听差的见他形迹可疑，要轰他走，有位老差人上前问话，贺三把要找的人地址说出，又拿出纸条做凭证。老差人瞧过字条、印章，也是真的，忙进去禀报。不大一会，骑马人走出，两侧差人忙垂手站立，口称王爷。此刻，贺三才知他是王爷，很怪自己的冒失。

王爷把贺三接入屋内，细问家长里短，很是热情。晚膳丰盛，夜里留宿，照顾得非常周到。一晃两天过去了，王爷也不露面，贺三惦念家里的老伴，执意要走，听差苦苦相留，他火上来了，跟人大吵大闹，听差只好去请王爷。贺三见了王爷就说："圈着我，我受不了。要回家，不借粮也就罢了，这叫什么事呀！"

王爷笑着相劝，忙命摆完宴。席间，王爷愁眉不展，唉声叹气。贺三不快地说："我不求你，也不借粮借钱，别惹你不高兴。""不！不为你！"王爷忙摆手说："是朝中大事，洋人进京，丢了老佛爷的心爱物象牙床，为找不到象牙床又杀了一个大臣。那次，我碰见你，就是去私访，前两天，我又去京西，还是没音讯，我怎不发愁哇！"

贺三听后一拍大腿："你怎么不早说啊！我就因这个象牙床倒的霉，我当时花五十两银子买的，原指望赚俩钱，谁想砸手里了，卖没人要，睡舍不得。"王爷一听喜出望外，忙给贺三满上酒追问："象牙床现在何处？"贺三拍着胸脯说："就在我那间土坯房里，明天就可以去挖。"王爷又连劝贺三几杯酒，就借故走开了。

月上树梢，一队骑兵奔出皇宫，原来王爷连夜奏明圣上，怀揣圣旨，带领人马，直向河津营进发，天刚亮，就把象牙床装上车运回宫了。

皇上见到象牙床，免去一桩心事，很高兴要召见贺三。这一回，差人拿来一套官服，红樱帽，厚底靴，贺三穿上不习惯，迈不开步，无奈只得脱下，扛着走进殿，面见皇上。皇上说他有功，要赐官给他。贺三说："做朝官我斗大的字不认识半升；做小官，多是贪官，我看不惯！"皇上又赏给他钱，他说："给钱有花完的时候，不如挣的长久。"皇上又问："那你有什么要求呢？"贺三近前几步："我恳请免去我们那里三年的税粮。永远免去房基地的税粮，房基地一年到头不打粮食，为啥还交地租哇！"皇上沉吟一会儿说："准旨！"后来皇上又加上一道旨意：凡去采育做官的，上任后都要拜见贺三，贺三看着称职，让做官就留住，不让做就罢免。

贺三回归乡里后，毫不客气赶走一些贪官污吏，一些横行乡里的赃官得到制裁。当地的土豪恶霸见贺三和穷人一条心，很是害怕，施展种种手段拉拢他，贺三都不吃这一套。他死后，人们为他修建的坟地上，建有石人、石马、石碑。至今，当地仍流传着"要做官，问贺三，贺三专治贪污官"的话语。

## 关三达黑店救客商

范云龙搜集整理

清朝后期，大同营村财主家雇了个扛活的叫关三达。关三达是个外地人，后来在大同营落户，但关家后代已在中华人民共和国成立前搬走。

据老人传说，关三达是个"飞毛腿"，而且武功精湛。大同营距北京城四十千米，关三达到前门茶叶店买茶叶一个时辰（两个小时）打来回。有一年，关三达的妹妹要结婚，母亲要他给妹妹准备些嫁妆，他答应了。但关三达靠扛活维持一家三口人的生计，当时手头没有钱，反复思量，暗暗打定主意做笔"买卖"。

一天下午，关三达看见官道上从北京方向来了一辆马车，凭经验判定，这是个大店铺路过此地去南边办货的，关三达暗暗跟随。到了廊坊天色已晚，马车赶进店里住宿，关三达也随后住进了这家旅店。万万没有想到的是，这家旅店竟然是个黑店。深夜，黑店的 4 个人撬开北京客商的房门实施抢劫。说时迟，那时快，关三达飞身蹿将进去，三下五除二，便将 4 人打翻在地，叫醒北京的客商，帮助他们拿齐东西套上车连夜离开了黑店。为了预防万一，关三达一直护送客商几十千米直至天光大亮。

北京客商十分感激关三达的救命之恩，拿出 100 两银子表示酬谢，关三达只收了 20 两。客商千恩万谢，双方拱手告别。

# 名人与名镇

采育物华天宝，人杰地灵，哺育出众多乡贤俊彦。既有名动一时的名贤士绅，也有著书立说的文人雅士；既有教书育人的师者楷模，又有济世救人的仁心医者；既有忠勇报国的英雄人物，也有舍己救人的仁人义士，更有技能突出的劳动模范……他们对地方、对社会、对国家做出了各自的贡献，坊间盛赞，青史留名，是采育人的杰出代表。

# 人物传略

**王守成**（1496—1580） 祖籍山东，明代迁居采育，字孝卿，号静庵。王守成自幼聪明好学，10 岁已能作诗，明正德九年（1514）入侍宫廷，历经正德、嘉靖、隆庆、万历 4 位皇帝。明嘉靖元年（1522），王守成为造福乡里，解除采育百姓长期以来因凤河阻挡、通行艰难的困境，在今采育镇南组织建造一座四墩五孔石桥（也叫“济公桥”），方便村民出行。明万历四年（1576），王守成回到蕃育署（今采育）居住。退任期间，乐善好施。明万历八年（1580），王守成以 84 岁高龄病逝，被其侄安葬于五孔石桥东侧。

**孙承泽**（1593—1676） 明末清初政治家、收藏家。字耳伯，号北海，又号退谷。采育人，祖籍山东益都。明崇祯四年（1631）进士，官至刑科给事中。清顺治元年（1644）被起用，历任吏科给事中、太常寺卿、大理寺卿、兵部侍郎、吏部右侍郎等职。孙承泽晚年著述颇丰，涉及史学、经学、书画等诸多领域。据《大清畿辅书征》载，孙承泽著作已刊或未刊的有三十余种。其中，《天府广记》《春明梦余录》两部书所载有关明代北京的建置、名胜、城池、宫殿、庙宇、衙署以及佚闻异事等纪实性文稿广受学

《天府广记》

《庚子销夏记》

《春明梦余录》

者推崇。尤其是他撰写的《春明梦余录》，更是被历史学家金毓黻赞赏，不少研究成果在《中国史学史》著作中被引用。另外，孙承泽还撰写有《庚子销夏记》《闲者轩帖考》《法书集览》《砚山斋墨迹集览》等书画方面的著作。

**李若琳**（？—1651） 采育人。明天启二年（1622）进士，被任命为翰林院检讨。清顺治元年（1644），投降清朝，仍任原职，后又被擢升为左春坊左庶子，署少詹事，曾推荐陈其庆、韩四维、林增志、张元锡等翰林才俊。是年十月，实授少詹事，兼国子监祭酒，后改翰林院侍读学士，仍兼祭酒。次年，上书请求更定孔子神牌，恢复元时“大成至圣文宣王”之制，经礼部议后，定称为“大成至圣文宣先师”。是年五月，任《明史》副总裁官；七月，任礼部侍郎。清顺治五年（1648），升为礼部尚书。后又加为太子太保。清顺治八年（1651），顺治帝亲政后，李若琳被革职为民，不久去世，安葬在采育境域周营村北（采育古镇北门外西北）。

**李若琏**（？—1644） 字成甫，李若琳胞弟，采育人。明崇祯元年（1628）武进士，锦衣卫指挥史。李若琏内柔外刚，不畏权势，秉公执法，曾奉旨承办袁崇焕案。在审讯一名被怀疑是袁崇焕奸细的木匠时，把查实的木匠冤情据实上报，因此被降职两级，由锦衣卫指挥史贬为普通锦衣卫。李若琏被责罚后并不懊恼，他说，我不能以一条人命作为自己加官晋爵的筹码。故百姓虽然畏厂卫如虎，却对李若琏倍加称颂。明崇祯十七年（1644），李自成攻入北京，李若琏坚守崇文门，最终自杀殉职。死前留下绝命词：“死矣！即为今日事；悲哉！何必后人知。”其事迹被写入《明史》。

**李若琛**（1614—1653） 字公远，号怙思，李若琏之弟。明永乐年间（1403—1424），自济南新城迁徙采育。李若琛自幼好学，聪慧过人，10岁就能写文章。清顺治三年（1646），为三甲进士。清顺治五年（1648），任福建道监察御史；清顺治六年（1649），奉命巡按河南。清顺治十年（1653）去世，年仅39岁，葬于采育境域周营村北（采育古镇北门外西北）。

**王子潜**（1890—1958） 乡村名医，采育镇人。他深通医理，经验丰富，治疗内科、妇科、杂症及温热性病症有独到之处。他擅长用经验方，药量偏小，用药平淡，治疗效果好，尤其擅治疗血瘀症，经常有出乎意料的效果。他喜用甘、寒、淡药，忌用辛燥的羌活、苍术，慎用麻黄、细辛及大苦大寒的龙胆草，善用虻虫、水蛭、红娘等破血药。

**申悦**（1890—1975） 采育乡村正骨名医，采育镇潞城营村人。申悦幼年入读私塾，15岁辍学务农，以后继承父业行医。申家有一个正骨秘方，传到申悦已经是第三代了。

申悦在继承祖上正骨秘方的同时，还结合现代医学多有创造，正骨医术更为精湛。只要经过他正骨，再服秘方汤药，便可痊愈，没有后遗症。1958 年，丰台南苑一个瓦工在施工中被砸伤双腿，5 处骨折，医院会诊后认为只能截肢。后来，这个人找到申悦，经过 3 个月的治疗，病人能够行走。李孙洼村一位中年妇女，因车祸压碎骨盆，流血不止，生命垂危。经申悦治疗后，骨伤痊愈，两年后还生下一个男孩。

**温凤来**（1896—1976） 采育镇韩营村人。1948 年参加土地改革运动，曾担任贫下中农代表、村委会主任。1950 年加入中国共产党，先后担任农业合作社社长、党支部副书记、大队长、大兴县各界人民代表会议协商委员会委员等职务。1951 年冬，他组织 3 户农民成立村中第一个互助组。1953 年，成立全村第一个初级农业生产合作社，并被选为社长。1954 年，率先发展集体养猪事业。他带领社员大力发展棉花种植，至 1956 年，韩营村棉田面积先后达到 500 亩、800 亩，成为远近闻名的棉花生产先进村。温凤来成为京郊有名的种棉能手和土专家。1952 年被评为河北省劳动模范，1962 年、1963 年、1965 年被评为北京市农业劳动模范。1960—1963 年，温凤来当选为北京市人大代表。

**阎墨缘**（1901—1939） 采育镇凤河营村人，青年时代就读于京兆二中（中华人民共和国成立后改为北京市第二中学），受五四运动进步思想影响，毕业回乡创办私立完全小学，任校长。1937 年“七七”事变后，阎墨缘弃教从戎，组织自卫团，牵头联络周边 20 多个村，成立联庄会并被推选为联庄会会长和总队长。1938 年秋，日本侵略军纠集伪警百余人，到凤河营一带收缴农民自卫团枪支，阎墨缘得到情报后，立即命令凤河营以北 6 个村的自卫团为北路，集结于半壁店，到采育东施家坟堵截。安次县大小马坊自卫团为南路，集结于潘铁营村北，伏击南犯之敌，大获全胜。1939 年 2 月，阎墨缘自卫团被八路军冀中军区改编为游击 11 团，他本人担任 11 团团长兼游击队第三路总指挥。5 月下旬，阎墨缘率部与前来进攻采育镇的日本侵略军展开激战，不幸中弹牺牲。

**郭鸣九**（1914—1991） 潘铁营村人，葡萄管理技术员。1944 年参加革命，1947 年 4 月加入中国共产党。1948 年 12 月采育解放后，郭鸣九被县委任命为青云店第八区区长。中华人民共和国成立后，先后在采育五区、通县专区地委统战部门工作。1958 年，在大兴团河农场学习葡萄种植技术，并担任技术员。1962 年，他把团河农场的玫瑰香、黑大粒、无籽露等优良葡萄品种引入潘铁营等村，并经常回村指导专业小组管理葡萄。1965 年，郭鸣九从团河农场辞职回到潘铁营村，从事葡萄管理技术指导和葡萄种植推广工作。潘铁营的优质玫瑰香葡萄，成为北京果品公司免检果品。潘铁营的玫瑰香葡萄种植形成规模后，采育各大队的林业技术员经常到潘铁营葡萄园向他请教葡萄管理技术，交流管理经验。每年葡萄成熟季节，到潘铁营采摘葡萄的游客络绎不绝。郭鸣九为采育镇引进和发展葡萄产业做出突出贡献。

**杨福增**（1915—1946）采育镇杨堤村人，抗日英雄、革命烈士。幼年读过私塾，16 岁从教。20 世纪 30 年代中期，到北京做皮货生意期间，结识中共党员，走上革命道路。1937 年，同中共地下党员一起奔赴陕甘宁边区参加革命工作。1941 年秋，他接受组织指派回到家乡，深入北宁铁路以北地区开展抗日民族统一战线工作，两个弟弟受其影响先后参加革命。1944 年春，他配合上级领导组建平南四联区，动员几十位青年参加革命。同年，他率领部队配合敌工部智取青云店伪警察局，俘虏伪军 40 多名，消灭日本侵略军一个小队。1945 年 2 月，杨福增部配合兄弟部队攻打伪军中队队部和警察所，打死伪军中队长，200 多名伪军被俘。日本侵略者投降后，他率领部队进入采育镇，收缴一台脚踏式印刷机和铅字铸字炉，秘密运往冀中十分区。从此，《冀中导报》结束油印的历史。1946 年 8 月，杨福增因叛徒出卖被捕。9 月，在采育西小王场壮烈牺牲，时年 31 岁。

**潘月兰**（1952—2017）女，采育镇潘铁营村人。1972 年起，先后在北京市大兴县潘铁营小学、凤河营中学、黄村镇第一中心小学任教。1985 年 9 月 2 日，在黄村火车站道口，为救一名即将被火车撞上的小女孩，而被火车碾压、拖拽造成重伤，导致左臂截肢，身体高位截瘫。1986 年，加入中国共产党。潘月兰在多年与病痛抗争的同时，努力提升自身业务素质和能力。她创造了“独臂刻蜡板”技术，学习电脑打字，先后负责 7 个单位的文字录入工作。其后更学会用一只手画国画、弹电子琴、绣十字绣等诸多技艺，其画作曾被选送全国展览，还贡献出几十幅十字绣公益作品。潘月兰的事迹得到社会各界的赞誉和政府的表彰。她先后获得全国五一劳动奖章，全国自强模范、全国见义勇为好市民、全国优秀教育工作者等国家级、市级、区级荣誉称号，被媒体誉为“燃灯者”。2017 年 5 月 9 日，潘月兰因病逝世。5 月 23 日，潘月兰主题雕塑在大兴区揭幕，以一本舒展而开的书卷为背景，展现其“用无私诠释大爱”的朴素人生。

# 名人与采育

**乾隆帝留诗赞采育** 清乾隆三十五年（1770），采育发生严重水灾。次年，乾隆皇帝巡视畿辅，途经采育时，看到跪在路边迎候的采育百姓生活富庶，没有受到前一年严重水灾的影响而困窘，赋《采育里》诗一首："京南富庶村，厥名采育里。轻舆村外过，老幼路旁跪。去岁此被潦，谓当艰窘矣。审视无菜色，衣暖面多喜。急赈及大赈，加赈二月里。有司善推行，想皆实泽被。然未经见者，正复不少耳。"

**晁无疾助力万亩葡萄园发展** 晁无疾，1942年11月出生，天津人，毕业于西北农学院。20世纪90年代，任北京农学院教授、中国农学会葡萄分会会长。晁无疾应聘到采育镇担任葡萄种植技术顾问。他经常深入葡萄产区，指导培训葡萄种植户技术和管理知识，经他精心指导和培育的万亩葡萄基地，成为境域葡萄种植产业的明星园区，果农称呼他为"葡萄晁"。他还结合采育境域葡萄产业发展情况，编写出版了《葡萄新品种》《鲜食葡萄》《葡萄优质丰产栽培新技术》《设施葡萄无公害栽培关键技术问答》《葡萄优质高效栽培指南》等十多册葡萄科技图书，受到境域葡萄种植

晁无疾讲授葡萄种植技术（2006年）

外国朋友到"老书记葡萄园"和"老书记农家院"赏葡萄美景，品农家美食（右一为李玉发）（2003年）

户的欢迎。晁无疾长期坚持葡萄种植技术的示范推广，担任采育镇万亩葡萄基地种植顾问。

2002年，北京大兴采育葡萄文化节组委会请他主持“葡萄之乡发展论坛”。在第二届北京大兴采育葡萄文化节开幕式上，中共大兴区委书记为他颁发突出贡献奖证书和奖金。2004年，在第四届北京大兴采育葡萄文化节开幕式上，中共大兴区委书记为他颁发了采育镇经济发展顾问证书和铜牌。他出色的工作，得到了葡萄种植户的赞誉和政府部门的褒奖，先后荣获全国优秀农业科技工作者、全国农村科普工作先进个人标兵、首都精神文明建设先进个人、首都农业科技先进工作者、京郊经济发展十佳科技工作者等称号。

**李玉发带领村民种植葡萄** 1949年3月出生，采育镇大黑垡村人。1988年，开始带领村民种植葡萄。针对村民的畏难心理，作为村党支部书记的李玉发带头承包100亩土地，开发葡萄园，发展葡萄种植事业。20世纪90年代，开办“老书记葡萄园”和“老书记农家院”。在其影响下，村里近95%的村民都开始种植葡萄。其所在的村也成为北京市民俗旅游村，为采育镇赢得“中国葡萄之乡”美誉做出贡献。

## 人物简介

**“土”果树专家：闫守谦** 1945年出生，采育镇沙窝营村人。幼年时，一条腿不幸落残，却积极进取，17岁参加北京市林业局农艺师考试，先考取林业技术员，后又考取助理农艺技术师。1968年，在沙窝营村担任果树种植技术员。期间，边干边学习果树栽培知识，并通过自己培育种苗，把葡萄引进沙窝营村。20世纪80年代，又通过师父把巨峰葡萄引进沙窝营村。1991年，被采育镇政府聘至镇林业站果树科工作，在400亩土地上发展果树种植。1993年起，承包60亩桃园，5年后，又在村北开发200亩地种植果树。1999年，经闫守谦的努力，注册成立大兴区第一个果树协会，通过每年举办的果

闫守谦在葡萄园传授葡萄种植知识（2006 年）

杜喜山（右）手捧中国优质葡萄擂台赛金奖奖杯（2007 年）

树种植技术培训传授经验。自 2003 年起，每年都受全国农业展览会邀请开课传经，并为当地和外地果树企业提供业务咨询。2006 年 9 月，其事迹被《京郊日报》以《自强不息　一位残疾人带领 150 户农民致富》为题进行报道。为表彰其贡献，北京市政府奖励他 8 万元奖金和 1 辆汽车。

**“葡萄大王”：杜喜山**　1959 年 10 月出生，采育镇最大的葡萄种植户。2001 年，承包近 200 亩土地种植葡萄。2005 年，其培育的葡萄在全国葡萄评比中获得金奖。次年，该葡萄搭载中国航天育种卫星“实践 8 号”进行新品种航天育种，喜山葡萄园成为国内首家实现航天育种的民营企业。2007 年，杜喜山培育的新品种在第六届中国优质葡萄擂台赛上获得金奖，同时获得“奥运水果”称号，被奥运组委会选中。同年 8 月 19 日，《人民日报》以《葡萄大王“诞生”记》为题报道其事迹。2008 年，杜喜山创建北京采育喜山葡萄专业合作社；2009 年 6 月，被北京市农村工作委员会确定为北京市农业标准化示范基地。2015 年被北京市旅游发展委员会评为市级采摘园。

**残奥会柔道银牌得主：王嵩**　1982 年出生，采育镇南三三村人。他自幼失明，酷爱体育活动，坚持不懈地进行耐力和体能训练，为其日后发展打下坚实的基本功。盲校就读期间，开始接触柔道运动，拜师学艺，迅速成长为学校柔道队的佼佼者。结婚成家后，与妻子以盲人按摩为业，虽业务繁忙，仍坚持柔道训练。2007 年，入选国家队。2008 年 9 月，代表中国队参加在北京举办的第十三届残疾人奥运会。在盲人柔道 100 公斤以上级的比赛中，勇夺银牌，为中国、家乡赢得了荣誉。

王嵩获得第十三届残疾人奥运会银牌后在家中与父母留影（2008年）

# 人物表

采育烈士英名表

表7

| 姓名 | 性别 | 出生时间 | 籍贯 | 入伍时间及部队职务 | 牺牲时间及原因 |
|---|---|---|---|---|---|
| 阎墨缘 | 男 | 1901年 | 采育镇凤河营村 | 1939年春，冀中五军分区游击团团长 | 1940年4月10日，在与日军作战中牺牲 |
| 邸维峰 | 男 | 1901年 | 采育镇凤河营村 | 1939年春，冀中五军分区游击十一团战士 | 1940年4月10日，在与日军作战中牺牲 |
| 景文忠 | 男 | 1905年 | 采育镇北山东营村人 | 1945年12月，在安定镇前野场任抗联主任 | 1945年12月，在通州马房战斗中牺牲 |
| 杨凤山 | 男 | 1912年11月 | 采育镇东潞州村 | 1945年1月，晋察冀十分区七十六团炮兵连班长 | 1946年4月，河北省雄县刘家铺战斗中牺牲 |
| 王振岐 | 男 | 1915年1月 | 采育镇东潞州村 | 1944年7月，中国人民解放军七纵队二十旅五十七团四连班长，中共党员，立功两次 | 1948年6月，河北省雄县昝岗战斗中牺牲 |
| 杨福增 | 男 | 1915年 | 采育镇杨堤村人 | 1943年，任平南工委敌工部干事 | 1946年9月，因叛徒出卖，在采育西边小王场壮烈牺牲 |
| 刘希武 | 男 | 1916年8月 | 采育镇沙窝营村 | 1945年3月，大兴县县大队副班长 | 1946年5月，大兴县礼贤战斗中牺牲 |

续表 7

| 姓名 | 性别 | 出生时间 | 籍贯 | 入伍时间及部队职务 | 牺牲时间及原因 |
|---|---|---|---|---|---|
| 张德仲 | 男 | 1918 年 9 月 | 采育镇沙窝店村 | 1947 年 10 月，中共党员，晋察冀十分区七十六团二营七连排长 | 1947 年 10 月，河北省雄县小奇观战斗中牺牲 |
| 张连和 | 男 | 1921 年 | 采育镇沙窝店村 | 1945 年，晋察冀十分区七十六团二营四连二排副排长 | 1947 年 4 月，河北省固安县宫村战斗中牺牲 |
| 臧德才 | 男 | 1922 年 | 采育宁家湾村 | 1947 年 6 月，大兴县独立营战士 | 1947 年 6 月，礼贤王庄作战时牺牲 |
| 季殿义 | 男 | 1922 年 | 采育镇庙洼营村 | 1949 年 5 月，中国人民志愿军六十五军一九四师五八一团三营副班长，曾多次立功 | 1951 年 5 月 26 日，抗美援朝水谷山战斗中牺牲 |
| 刘德海 | 男 | 1923 年 | 采育镇龙门庄村 | 1945 年 10 月，中国解放军八十六大队战士 | 1948 年，战斗中牺牲 |
| 华增旺 | 男 | 1923 年 | 采育镇大同营村 | 1945 年 12 月，大兴县独立营班长 | 1948 年 2 月 20 日，大兴县孔家铺战斗中牺牲 |
| 张志平 | 男 | 1924 年 1 月 | 采育镇广佛寺村 | 1945 年 9 月 2 日，中国人民解放军独立七旅十九团三营七连班长 | 1947 年 5 月，河北省坝县胜芳战斗中牺牲 |
| 刘德茂 | 男 | 1924 年 5 月 | 采育镇蔡辛庄村 | 1945 年 7 月，中国人民解放军独立七旅十九团二营战士 | 1947 年 10 月，河北省石家庄战斗中牺牲 |
| 靳宝忠 | 男 | 1924 年 | 采育镇沙窝店村 | 1944 年 12 月，十六旅四十六团二营四连班长，曾立功三次 | 1948 年 5 月 9 日，山西省盂县南垴战斗中牺牲 |
| 金广才 | 男 | 1924 年 | 采育镇杨堤村 | 1944 年 2 月，中国人民解放军十六旅四十六团七连副排长 | 1948 年 5 月 9 日，山西省盂县东垴战斗中牺牲 |
| 张　起 | 男 | 1925 年 6 月 | 采育镇东半壁店村 | 1949 年 1 月，中国人民志愿军六十八军二〇六师六〇六团战士，立三等功一次 | 1951 年 4 月 25 日，抗美援朝加平郡战斗中牺牲 |
| 田永启 | 男 | 1925 年 7 月 | 采育镇北山东营村 | 1949 年 3 月，中国人民解放军某部 74 师 2 团战士 | 1951 年，抗美援朝战场上失踪 |
| 田景明 | 男 | 1925 年 9 月 | 采育镇东半壁店村 | 1945 年 8 月，大兴县二区武委会干部 | 1946 年 10 月，河北省安次县万庄车站牺牲 |
| 李洪如 | 男 | 1925 年 | 采育镇后甫村 | 1946 年 7 月，通县县大队三连班长 | 1947 年 7 月，通县大甘堂战斗中牺牲 |
| 唐友维 | 男 | 1926 年 8 月 | 采育镇铜佛寺村 | 1945 年 9 月，野战军七旅十九团战士 | 1947 年 6 月，河北省青县唐官屯车站战斗中牺牲 |
| 马庆云 | 男 | 1926 年 9 月 | 采育镇南营村 | 1949 年 1 月，人民解放军 40 军 118 师 354 团战士 | 1949 年 7 月，过长江后失踪 |
| 李志辉（曾用名李月英） | 男 | 1926 年 | 采育镇凤河营村 | 1945 年 9 月，晋察冀十分区七十八团班长 | 1946 年 6 月，河北省青县唐官屯车站战斗中牺牲 |
| 杨国庆 | 男 | 1927 年 10 月 | 采育镇蔡辛庄村 | 1944 年 7 月，中共党员，晋察冀十分区七十六团五连副班长 | 1947 年 7 月，河北省固安县宫村战斗中牺牲 |

续表 7

| 姓名 | 性别 | 出生时间 | 籍贯 | 入伍时间及部队职务 | 牺牲时间及原因 |
|---|---|---|---|---|---|
| 李明哲 | 男 | 1927 年 | 采育镇南山东营村 | 1945 年参加革命 | 1949 年 11 月，广州战斗中牺牲 |
| 刘德仲 | 男 | 1927 年 | 采育镇凤河营村 | 1949 年 3 月，中国人民解放军 39 军战士 | 1950 年 8 月，西藏长龙县战斗中牺牲 |
| 刘福庆 | 男 | 1927 年 | 采育镇庙洼营村 | 1945 年 9 月，平南支队通讯员 | 1946 年 11 月，河北省固安县东关作战中牺牲 |
| 季连弼 | 男 | 1927 年 | 采育镇庙洼营村 | 1948 年 12 月，中国人民志愿军四十二军一二四师三七二团一营一连战士 | 1951 年 2 月 9 日，抗美援朝新岱里战斗中牺牲 |
| 屈　联 | 男 | 1927 年 | 采育镇包头营村 | 1945 年 6 月，晋察冀十分区七十五团副班长 | 1948 年 7 月 2 日，河北省任丘县良辛庄战斗中牺牲 |
| 王福臣（原名王增会） | 男 | 1928 年 2 月 | 采育郃各庄村 | 1944 年 6 月，中国人民解放军某部 20 旅 59 团 2 营班长 | 1948 年 9 月，固安县向各庄作战时牺牲 |
| 王茂瑞 | 男 | 1928 年 5 月 | 采育镇郃各庄村 | 1945 年 3 月参加革命 | 1948 年，战斗中失踪 |
| 刘景祥 | 男 | 1928 年 | 采育镇南山东营村 | 1944 年 2 月参加革命 | 1947 年，战斗中牺牲 |
| 唐玉玲 | 男 | 1928 年 | 采育镇沙窝店村 | 1945 年 3 月，中国人民解放军五十三团一营二连副班长 | 1946 年 12 月 20 日，武清县东门战斗中牺牲 |
| 张志奎 | 男 | 1928 年 | 采育镇沙窝店村 | 1944 年，大兴县三区农会主任 | 1947 年，在大兴县礼贤南门牺牲 |
| 党桂林 | 男 | 1929 年 2 月 | 采育下黎城营村 | 1944 年 3 月，大兴县县大队战士 | 1945 年 7 月，安定火车站作战时牺牲 |
| 薛福贵 | 男 | 1929 年 5 月 | 采育镇小皮营村 | 1944 年 9 月，晋察冀十分区七十五团战士 | 1946 年，河北省葛鱼城战斗中牺牲 |
| 宋文兴 | 男 | 1929 年 7 月 | 采育镇利市营村 | 1952 年冬，中国人民志愿军三分部运二营四连战士 | 1953 年 5 月 14 日，值勤站岗时被飞机轰炸牺牲 |
| 张玉清 | 男 | 1930 年 8 月 | 采育镇北营村 | 1948 年 11 月，中国人民解放军 19 兵团战车团战士 | 1953 年 4 月，抗美援朝战争中被飞机扫射中弹牺牲 |
| 任凤仪 | 男 | 1930 年 | 采育镇南营村 | 1949 年 1 月，中国人民解放军四军十师补训团文书 | 1949 年 5 月，陕西蒲城飞机轰炸时牺牲 |
| 王　伦 | 男 | 1932 年 1 月 | 采育镇北营村 | 1948 年 9 月，中国人民解放军 38 军 112 师 354 团通讯员 | 1951 年 3 月，抗美援朝战争中牺牲 |
| 田志忠 | 男 | 1933 年 9 月 | 采育镇东半壁店村 | 1946 年 2 月，中国人民解放军五十九团二营通讯员 | 1948 年 4 月，河北省徐水县黄土岗战斗中牺牲 |
| 刘兴汉 | 男 | 1936 年 | 采育镇南山东营村 | 1950 年 10 月，中国人民解放军 20 兵团司令部通讯员 | 1952 年 8 月，抗美援朝战争中牺牲 |

# 大事纪略

千余年历史波转重重，历代人奋斗缔造精彩。古往今来，勤劳智慧的采育人，在京畿要道上屯垦创业，创新发展，形成了独具特色的创业史、文化史、振兴史。一个个奋斗不息的故事灿若繁星，其中，许多涉及政治、经济、文化、社会领域的大事，成为采育变迁史中一座又一座里程碑……

## 辽开泰元年（1012）设立采魏院

采育历史悠久，自古以来，就有人类繁衍居住。辽开泰元年（1012）析津府辖区内已有采魏院。元至元二十一年（1284）采魏院改称采魏里，置大都路总管府。明洪武元年（1368）改大都路为北平府。明宫廷见采魏里依傍凤河，水清田肥，在此地设置蕃育署（即皇庄）。蕃育署设典署一名正七品、署丞二名正八品、录事二名正九品。蕃育署不隶京府，统于上林苑。《大明会典》记载：“蕃育署原管畜养户 2357 头，分拨畜牧草场 1520 公顷 2 分 2 厘[①]。至明朝中后期，由于蕃育署建制在此，达官富户多迁于此，南北五里地长街，店铺林立，市面繁荣”。清康熙二十三年（1684），将原来采魏院、采魏里的“采”字和蕃育署的“育”合起来称为“采育”，改蕃育署为采育营（建制实同镇），初设守备，所辖称“七十二连营”，为左安门东南大道上第一大镇。

## 乾隆帝过采育留诗

清乾隆三十五年（1770），采育发生严重水灾。次年，即清乾隆三十六年（1771），乾隆帝巡视畿辅，路过采育时，他看到跪在路边迎候的采育百姓，没有受到前一年严重

① 约 10 平方千米。

水灾影响而艰窘，赋《采育里》诗一首。诗云：京南富庶村，厥名采育里，轻舆村外过，老幼路旁跪。去岁此被潦，谓当艰窘矣。审视无菜色，衣暖面多喜。急赈及大赈，加赈二月里。有司善推行，想皆实泽被。然未经见者，正复不少耳。

## 清光绪二十六年（1900）义和团在采育抗击侵略军

清光绪二十六年（1900）八九月份，八国联军入侵北京后，大兴南海子一带采育境域义和团成员和其地区义和团成员一起，在大粮台、晾鹰台及海子南墙外的七股道等地多次与八国联军发生激战，保家卫国。

## 抗击日本侵略军

1937 年“七七”事变，北京沦陷，民族危机日趋严重。域内人们组建自卫团、联庄会，保卫家乡，打击侵犯之敌。

1938 年秋，日伪军到采育一带收缴农民自卫队武器。联庄会会长阎墨缘命令凤河营以北6村的自卫队和大马坊、小马坊等村的自卫队，设伏迎敌。伪警察分局局长被击毙，日伪军溃退奔逃。

1939 年年初，河津营的梁锡庆、张奎元等联络宁家湾等 20 余村 50 多人，在大悲寺开反收抢会议，成立联庄会。3 月 21 日，梁锡歧、梁锡庆率领民团 500 余人，埋伏在潞城营、北蒲州营、永合庄等村。22 日上午，联庄会利用车固营西口有利地形，痛击进犯之军。下午，联庄会 100 余人，在潞城营打退日伪军多次进攻，击毙敌人 30 余名。

1944 年 12 月 2 日，驻廊坊的日伪军向西北进发，到魏善庄一带“讨伐”。平南县大队在再城营西小桥头两村之间设下埋伏。日本侵略军小队长被击毙，日伪“讨伐队”全部被消灭，伪警备队四散逃命。击毙日军 17 人，缴轻机枪 1 挺，步枪 14 支。

1945 年 2 月 28 日夜，平南支队潜入采育镇，包围并进入伪军中队部、警察所和杨园子伪军据点，两个小时结束战斗。战斗中平南支队打死县警备队中队长，有 200 余伪军警全部投降，缴枪 200 余支。29 日，十分区七十八团进军采育，伪军四散奔逃，采育解放。

## 1966 年率先使用压力罐式自来水装置

1966 年 6 月，采育镇在全国率先使用新型简易压力罐式自来水装置，属全国首创。在采育镇中心区安装公用水龙头 15 个，内线长 1186 米。另有 21 个单位安装水龙头 47 个，建设投资 1.6 万元，可供 600 人日常生活用水。此后，新型简易压力罐式自来水装置在全国广大农村推广，使亿万人民受益。

## 1976 年采育抗震救灾

1976 年 7 月 28 日凌晨，河北唐山丰南一带发生 7.8 级强烈地震，波及京津。采育是北京市的重灾区，死 16 人，伤 102 人，倒塌房屋 11217 间、棚圈 1720 间，砸坏机井 120 眼。震后当天，中共中央发来慰问电，大兴县委书记崔旭东等赶赴现场指挥抗震救灾。采育人民公社成立抗震救灾临时指挥部，组织抢险救灾。采育公社卫生院接收、救治伤员 108 人。北京市第一商业局组织人员到采育灾区了解灾情，送来 10 吨塑料薄膜，解决社员急需的防震棚问题。北京市土产公司、北京市百货公司也相继送来大批物资支援灾区。7 月 29 日，北京市政府协调中国人民解放军一个连队赶赴现场抗震救灾。7 月 31 日，中共中央派乌兰夫、杨俊生率领慰问团，带来救灾物资慰问受灾群众。8—11 月，市、县两级政府拨款，组织全县 18 个公社 6000 多名干部、技术人员和民工，为采育 5 个重灾队重建新村。11 月 15 日，基本完成 231 栋、1848 间（其中，板打墙 33 栋、264 间）采育公社灾区建房工程，受灾社员陆续搬进新居。

## 2000 年两乡并入采育镇

2000 年 3 月，大兴县对辖区乡镇区划进行调整。采育镇行政区划扩大，大皮营乡（辖大皮营、包头营、大同营、东潞州、广佛寺、韩营、利市营、潘铁营、沙窝营、山西营、铜佛营、小皮营、辛庄营和杨堤 14 个自然村）、凤河营乡（辖凤河营、罗庄、大里庄、东半壁店、康营、龙门庄，庙洼营、倪家村、沙窝店、延寿营和张各庄 11 个自然村）并入采育镇。新建制的采育镇下辖 55 个行政村、1 个社区。

## 2001 年采育被列为北京市中心小城镇

2001 年 2 月 15 日，采育镇被北京市确定为重点建设的 33 个重点小城镇之一。采育中心小城镇位于采育镇区中心，规划占地面积 7005 亩，重点开发建设面积 4020 亩。中

采育镇新貌（2016 年）

心小城镇包括镇区起步区和老镇区，其中，起步区 2000 亩，总建筑面积 283.19 万平方米。在整体布局上，为园林式格局，绿地占总面积的三分之一；建设别墅区、高档公寓区、老年公寓和普通住宅；完成建设商住、文化、医疗、体育、科技、商业等各项设施配套；建成可容纳万人的文化广场、中心商业街以及医院等公共设施；引进师资力量，完善幼儿园、小学、初中、高中至职业技术培训的教育体系；以老镇街区为基础，改建再现古镇风采、展现悠久历史文化的采育镇步行街。2001 年，镇政府委托清华大学设计制作完成中心城镇总体规划控制性详细规划。2002—2010 年，先后完成道路建设、水电改造、文化设施建设、服务设施建设和中心小城镇 12 个行政村的开发拆迁。2011 年，启动生态园区建设工程。2015 年，完成蓝天花园小区、恒盛·波尔多小镇（南区、北区、东区）、育新花园小区（A 区、B 区、C 区、D 区）、满庭春自住型商品房入住。新建采育别墅项目，总建筑规模 24.7 万平方米，总投资约 93 亿元。2016 年年末，完成镇区形象提升别墅区一期项目。完善小城镇各种户外环境设施和凤河河道采育段景观平台建设等。

## 2002 年采育被认定为“中国葡萄之乡”

20 世纪 90 年代，采育镇党委、政府大力扶持镇域葡萄产业，把发展葡萄产业列为全镇农业产业调整、经济发展的重要项目，推动采育镇葡萄产业的跨越式发展。1997 年，采育镇总投资 1200 万元，启动万亩葡萄工程。2001 年，采育镇葡萄注册“京采”牌商标；中共采育镇委员会做出《关于举办北京大兴采育葡萄文化节的决定》；采育镇召开第十三届人民代表大会第五次会议，将北京大兴采育葡萄文化节定为采育镇的传统节日。采育镇万亩葡萄园形成产业化格局，被北京市政府认定为“北京市葡萄标准化生产基地”。

2002 年 6 月 30 日，中国特产之乡推荐暨宣传活动组织委员会批准采育镇为“中国

第二届北京大兴采育葡萄文化节开幕式上颁发“中国葡萄之乡”铭牌和证书（2002 年）

葡萄之乡”。8 月 18 日，在第二届北京大兴采育葡萄文化节开幕式上，农业部教育司原副司长孙翔向采育镇颁发“中国葡萄之乡”的牌匾和证书。

2016 年年末，采育镇葡萄种植面积 2 万多亩，品种达到 300 余个；年产量 2000 余万千克，产值 1.15 亿元；带动 4300 农户从事葡萄生产，占全镇总户数的 50%；从业人员 1.2 万人，占全镇总人口的 37.5%。

## 2006 年北京采育经济开发区设立

采育镇贯彻落实大兴县“科教兴县、城镇带动、产业互促、协调发展”战略，从 1998 年 3 月开始运作北京大兴采育科技园。1999 年 5 月 29 日，经大兴县人民政府第

北京采育经济开发区（2016 年）

六次常务会议研究，同意“采育科技园”正式命名为“北京大兴采育科技园”并批复。1999 年上半年，采育镇投资 65 万元，进行了园区新址办公条件的改善及部分硬件建设。2001 年，投资 3000 万元，重点进行园区基础设施建设。2002 年，园区基础设施建设已达到“六通一平”。2004 年被确定为北京 28 个市级工业开发区之一。

2006 年 3 月 17 日，北京市人民政府正式批复北京大兴采育科技园更名为北京采育经济开发区。总规划面积 11 平方千米，重点打造“五区一园”工程，即镇区、工业园区、物流园区、休闲度假区、农业示范区和葡萄观光园。经过 10 年建设发展，纳入中关村国家自主创新示范园区，获得国家低碳工业园区试点园区、北京市新型工业化示范基地等荣誉称号，被列入第一批国家低碳工业园区试点名单。开发区完成航盛、恒隆等重点项目建设 12 家，盘活引进北汽新能源汽车、普莱德电池等项目 13 个，形成以新能源汽车和汽车零部件产业为主导的产业集聚区。

## 采育黑陶亮相 2009 年世界妇女论坛

2009 年 5 月 19—22 日，2009 年世界妇女论坛在香港召开，采育黑陶亮相世界妇女论坛。全国妇联代表团团长、全国人大常委会原副委员长、全国妇联原主席、关心下一代工作委员会主任顾秀莲参会。北京市妇联推荐的女性创业带头人、采育镇金宇黑陶制品有限公司经理迟雪宇随团参会。2004 年，采育镇铁营村民迟雪宇创建的家庭陶艺坊产品在北京潘家园古玩市场受青睐。2008 年，北京服装学院在金宇黑陶建立学生实习基地。2015 年，金宇黑陶与采育镇成人学校开展校企合作，建立黑陶培训基地，增加了农民的就业机会。2016 年，金宇黑陶公司承办北京市第四届职业技能大赛，大兴区妇女手工陶艺技能大赛。

## 2009 年中国马术队训练基地揭牌

2009 年 6 月 21 日，中国马术队训练基地揭牌暨中国青年马术队、中国金融体育协会马术队成立仪式在采育镇举行。该基地投资超亿元，拥有不同年龄的进口纯种温血马 30 匹，是国内首次引进德国高端制作工艺对马场实施土层建造，引进了国际一流的马房设备设施。民盟中央常务副主席张宝文、中国马术协会主席蔡家东、大兴区委书记林克庆等参加了揭牌仪式。

# 2016 年采育葡萄邮票发行

2016 年 7 月，第十六届采育镇葡萄文化节期间，中国邮政发行 1 套《水果》邮票。这套邮票的图案取自采育葡萄，经中国邮政集团公司批准予以发行。发行仪式启动当天，中国邮政集团公司北京市大兴区分公司向采育镇政府赠送编号为 01A 的整版葡萄邮票，被采育镇政府永久珍藏。

# 附录

## 关于采育镇申报“中国葡萄之乡”的批复

北京市大兴区采育镇人民政府：

你镇申报“中国葡萄之乡”的报告收悉。经专家考察，认为采育镇的葡萄生产在产业化发展等方面符合中国葡萄之乡申报条件，批准你镇为“中国葡萄之乡”。望接此通知后，认真做好各项宣传准备工作。

中国特产之乡推荐暨宣传活动组织委员会

二〇〇二年六月三十日

## 《关于将采育经济开发区列为市级开发区的请示》的批复

市发展改革委：

你委《关于将采育经济开发区列为市级开发区的请示》（京发改文〔2006〕86号）收悉，现批复如下：

一、大兴区政府原批准设立的北京大兴采育科技园市级以下开发区，经国家清理整顿土地市场秩序和开发区后，符合规划要求，已形成一定经济规模和产业聚集优势，经发展改革委审核认定，基本符合国务院批准的《清理整顿开发区的审核原则和标准》，现批准设立为市级开发区。

二、根据发展改革委关于规范开发区名称和明确产业定位的要求，北京大兴采育科技园更名为北京采育经济开发区，以新材料、机械、食品为主导产业。

三、开发区的四至范围、界址点坐标和面积以国土资源部最终核定公布的数据为准。开发区最终审核结果以发展改革委审核公告为准。

四、市有关部门和开发区所在区政府，要按照《北京城市总体规划（2004—2020年）》及区县功能定位，根据国家有关部门要求，积极做好开发区发展规划和管理协调工作。

北京市人民政府

2006年3月17日

# 大兴区采育镇总体规划（2005—2020）

2014年05月22日　清华同衡城乡统筹和村镇规划研究所

项目地点：北京市

设计单位：城乡统筹与村镇规划研究所、总体规划二所

项目负责人：王健

参与人员：王健　王鹏　闫琳　尚嫣然　夏竹青　王海蒙　梁伟

完成时间：2006年

图片展示：

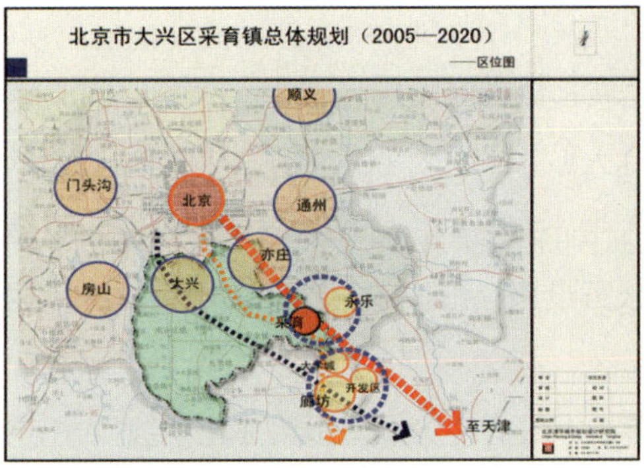

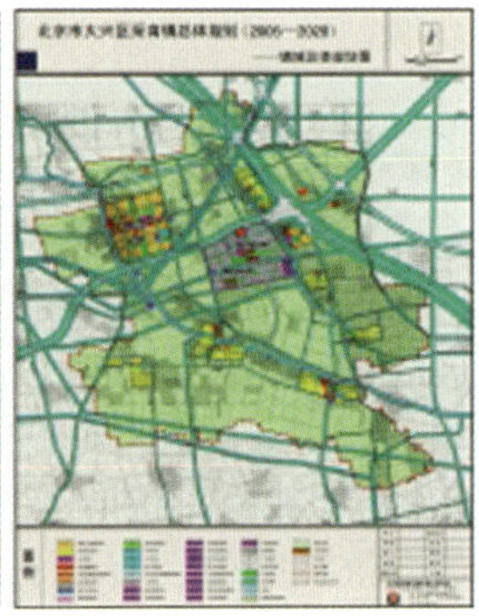

**项目简介：**

采育镇位于北京市东部发展带，西北为亦庄新城，南部是廊坊经济技术开发区和东方大学城，是京津塘城镇产业密集带的重要组成部分，是亦庄和廊坊之间的重要节点。城镇行政辖区面积 72.18 平方千米，区位交通优势明显，城镇建设条件好，产业初具规模，适于产业规模化发展。规划重点强调城镇发展依托产业联动，推进农民稳定就业，从而实现科学统筹的城乡协调发展。

（1）城镇发展策略与城镇定位。

科学发展策略：规划强调统筹区域发展——选择科学的发展时机，引导城镇发展由保障发展到控制协调转变；强调统筹城乡发展——城乡互动，科学推动城镇化，综合协调城镇与重点村的建设；强调人与自然统筹发展——扎实推进生态改善与环境保护，发展生态友好型产业；强调社会经济统筹发展——产业发展与农民进城就业、社会公共事业发展协调统一；强调资源集约利用——整合土地资源，做好废弃地再利用和土地集约利用。

区域协调发展：产业——作为北京东南门户，强调与大兴新城、亦庄新城、河北廊坊以及周边城镇的协调发展，打造大兴区的重要产业就业基地；交通——保障区域交通通畅，营造区域交通网络，加强与亦庄、中心城区、大兴新城、通州和廊坊、天津的联系；生态——保障沿凤河、官沟的 V 字形滨水生态系统，北京东南成熟片林的生态保育和耕地保持；基础设施——保障跨区域的高压输电走廊、高压输气管线、区域道路设施等的建设，及其防护绿带的控制。

城镇发展定位：采育镇是京津城镇走廊的重要节点，是北京东部发展带的重要产业基地，是以现代制造业为主导，现代都市农业、绿色人居产业协调发展的北京市重点城镇。

（2）城乡协调发展思路——一二三产联动发展，促进农民稳定就业。

以促进农民稳定就业位主要目标，发展符合大城市郊区特点的劳动密集型产业。依托采育科技园集中发展第二产业就业基地，引入生态友好型、劳动力密集型企业，吸纳城镇和周边劳动力就业；依托就业，配套居住服务设施，形成第三产业集中发展区；建立京郊都市农业示范区，打造葡萄特色产业观光区。

依托区位、资源及现有产业基础等优势条件，优化产业功能布局结构。规划依托京津塘高速公路，吸引产业和人口的积聚；依托采育科技园，发展成为北京市重要的产业基地；依托京津大市场，深入挖掘农业附加值，形成集种植、观光、采摘、体验和加工为一体的现代特色都市农业基地；吸引市区和周边人口，发展绿色人居产业，营造宜居城市的典范。

统一规划，积极稳步推进村庄整合。规划镇村体系以镇区西组团为综合服务核心，以镇区东组团为产业核心区，大皮营、凤河营为综合服务集镇，其他村庄依托交通道路整合形成 4 个综合服务重点村。

构筑采育镇网状生态系统。依托凤河、官沟滨水生态轴，形成 V 字形重点生态保持区，重点保护好区内的滨水环境、基本农田和生态林地；城镇集中建设，集约利用土地，减少对镇域生态环境的影响；依托京津塘高速公路和东南部过境通道的道路绿带形成十字形生态廊道，成为城镇组团间的有机隔离；结合高压输电线形成带状绿带，将区域生态元素联结成网、构成体系。

（3）镇区规划建设——合理布局，建设经济社会协调发展的和谐小城镇。

镇区西组团依托现有镇区发展成为生活居住组团。依托采育大街形成横向公建发展轴；依托现状坑塘洼地形成纵向绿轴；规划形成五横五纵的干道网络。

镇区东组团依托采育科技园发展成为城镇就业基地。东组团由采育科技园、城镇产业就业区和产业配套服务区构成，并配套产品展示中心区和研发产业带；规划形成主、次干道与支路有机结合的网状道路系统。

强调提升和保障公共服务设施和市政基础设施配套水平，满足服务的城乡全覆盖。

（4）主要经济技术指标：

采育镇行政辖区 72 平方千米，规划期末镇域人口 7.5 万人。

规划镇区面积 623 公顷，规划期末城镇人口 5.2 万人。

# 大兴区采育镇辖村村民自治章程选录

**第一章　前言**

第一条　为了切实保障村民的合法权益，保障村民实行自治，规范村民行为，推进农村政治建设、经济建设、社会建设、文化建设和生态文明建设，根据《中华人民共和国村民委员会组织法》及相关法律、法规和政策的规定，结合本村实际，制定本章程。

第二条　本章程是全体村民的行为规范，本村的农业户口人员、居住在本村的非农业户口人员、外来人员及驻村单位均须遵守。干部、党员应带头严格遵守。

第三条　村民委员会可根据《中华人民共和国村民委员会组织法》和相关政策、法律法规的规定，结合本村实际，修改或制定相应的实施细则，提交村民会议讨论通过后，作为本章程补充条款。

第四条　本章程经村民会议通过后，由村民委员会在村党组织的领导下组织实施。村民会议、村民代表会议、村民监督委员会监督本章程施行。

**第二章　组织机构**

**第一节　村民会议和村民代表会议**

第五条　村民会议和村民代表会议在村级党组织的领导下实行村民自治，是对村政事务进行民主选举、民主决策、民主管理、民主监督的重要途径和形式。村民会议依据《中华人民共和国村民委员会组织法》规定组织召开；村民代表会议依照《北京市村民代表会议规则》要求组织召开。

第六条　村民代表必须拥护党的基本路线，能够执行党的路线、方针、政策，遵纪守法；作风正派，办事公道，关心集体，联系群众，带头遵纪守法，具有较高的群众威信；身体健康，具有一定议事能力，能正确行使村民代表的权利，积极履行应尽的义务。

第七条　村民会议讨论决定以下重大事项：

（一）村民委员会的设立、撤销、范围调整；

（二）村民自治章程和村规民约的制定、修订；

（三）村民委员会成员的选举、罢免；

（四）村民代表人数的确定；

（五）其他必须由村民会议行使的职权。

第八条　村民会议授权村民代表会议行使下列职权：

（一）本村享受误工补贴的人员及补贴标准；

（二）从村集体经济所得收益的使用；

（三）本村公益事业的兴办和筹资筹劳方案及建设承包方案；

（四）土地承包经营方案；

（五）村集体经济项目的立项、承包方案；

（六）宅基地的使用方案；

（七）征地补偿费的使用、分配方案；

（八）以借贷、租赁或者其他方式处分村集体财产；

（九）村民会议认为应当由村民会议讨论决定的涉及村民利益的其他事项。

**第二节　村民委员会**

第九条　村民委员会在镇政府的指导和镇党委、村党组织的领导下的基层群众性自治组织，负责全村的村务工作。

第十条　村民委员会成员应具备的条件。

村民委员会主任和委员，共三人组成。由村民直接选举产生，候选人资格应符合市委市政府提出的“五好”和“十不能”的有关规定。村民委员会每届任期执行《中华人民共和国村民委员会组织法》的规定，届满应当及时举行换届选举。村民委员会成员可以连选连任。

（一）坚持“五好”标准。“五好”是正面清单，也是导向型指标，坚持把具备“五好”条件的人员选为村和社区“两委”成员。

1. 政治思想好。理想信念坚定，宗旨观念强，认真贯彻执行党的路线、方针、政策，严守政治纪律和政治规矩。

2. 能力素质好。务实肯干，思路宽、善治理、会服务、有作为，能适应乡村振兴战略和首都超大城市发展需要，切实提升群众获得感、幸福感、安全感。

3. 遵纪守法好。严格遵守各项法律法规，带头遵守自治章程和村（居）民公约，知法懂法，依法办事。

4. 道德品质好。为人正派、品行端正，办事公道、作风民主，严于律己、甘于奉献，敢于担当、勇于负责。

5. 群众基础好。真心诚意为群众办实事，积极为群众排忧解难，得到群众拥护，赢得群众好评。

（二）严格“十不能”资格条件。“十不能”是负面清单，也是底线要求，按照有关规定，要坚决把不符合条件人员挡在门外。

1. 凡被判处刑罚正在服刑期间或刑满释放（或缓刑期满）的；

2. 因涉黄、涉赌、涉毒受到行政处罚的，被认定为涉黑涉恶、“村霸”等人员的；

3. 涉嫌违纪违法正在接受纪检监察机关、公安机关、司法机关立案调查的；

4. 因侵占村和社区集体资产资源资金，特别是支农和帮扶资金、农业补贴资金、社会救助资金被有关部门查处的；

5. 参与或指使他人以暴力、威胁、欺骗、贿赂、伪造选票、虚报选举票数等不正当手段参选的；

6. 因非法占地、违法建设等行为被有关部门查处且尚未整改的；

7. 因违法信访、破坏选举秩序、组织或利用邪教、会道门、迷信活动扰乱社会公共秩序被有关部门处理的；

8. 有失信行为被法院纳入失信被执行人名单的；

9. 受到党纪政务处分尚未超过所受纪律处分有关任职限制期限的，近三年内被责令辞职或者免职的，任期内被评定过不合格党员或者连续两次民主评议为不称职的；

10. 丧失行为能力，不能正常履职等其他情形。

第十一条　党组织成员按照程序要优先被推选为村民选举委员会成员，党组织书记要优先被推选为村民选举委员会主任；党组织成员按照规定程序要优先被推选为村民委员会成员正式候选人；党组织书记按照规定程序要优先被推选为村民委员会主任正式候选人；党员按规定要优先被推选为村民代表；确保村民委员会有妇女成员，并实行专职专选。

第十二条　村民委员会成员一般年龄不得超过 65 岁；文化程度应具有高中以上。

第十三条 村民委员会具有以下职责：

（一）教育和引导村民自觉遵守法律、法规；组织实施本《章程》及其实施细则、村规民约；

（二）办理公共事务，发展公益事业；

（三）建立健全治安保卫组织，维护社会治安；

（四）建立健全公共卫生委员会，搞好公共卫生工作；

（五）建立健全人民调解组织，调解民事纠纷；

（六）协助镇政府做好本村的民政福利、劳动就业、文教卫生、镇域规划、村容环境、绿化美化、综合整治、普法教育、征兵等工作；

（七）协助政府对村域内交通、消防、房屋出租等各项工作进行管理；

（八）开展群众性的文化、体育及卫生保健工作；

（九）对刑满释放人员进行帮教安置，协助相关部门做好监外服刑人员社区矫正工作；

（十）组织或支持村民通过多种形式发展村域经济，为村域经济的全面、协调、可持续发展做好服务和协调工作；

（十一）依法支持镇土地联营公司管理村集体所有土地，依法支持村经济组织管理村集体其他资产。教育和引导村民合理利用自然资源、服务资源，保护和改善生态环境；

（十二）组织召开村民会议或村民代表会议，并向村民会议或村民代表会议报告工作；

（十三）协助有关部门对本村重大突发事件进行处理；

（十四）做好镇党委，政府、村党组织交办的事务；

（十五）处理村民的来信来访，排查化解矛盾，向人民政府反映群众意见、要求和提出建议；

（十六）执行村民会议、村民代表会议的决定、决议，办事公道，廉洁奉公，热心为村民服务，接受村民监督；

（十七）法律法规规定的其他职权。

**第三节 村集体经济组织**

第十四条 村集体经济组织（包括村经济合作社和村股份经济合作社）依法对村集体经济进行管理，对集体资产享有占有、使用、收益和处分的权利。

第十五条 村民委员会应当尊重并支持集体经济组织依法独立进行经济活动的自主权，保障集体经济组织和村民、承包经营户的合法财产权和其他合法权益。村集体经济组织应依法支持镇土地联营公司管理村集体所有土地，确保镇土地联营公司对本村土地的经营权和管理权。

第十六条 村集体经济组织的最高权力机构是成员（股东）大会或成员（股东）代表大会。集体经济组织成员（股东）大会或成员（股东）代表大会的组成，应由具备集体经济组织成员（股东）身份的村民或村民代表担任。村民会议等同于集体经济组织成员（股东）大会；村民代表会议等同于集体经济组织成员（股东）代表大会，行使相应职能。

### 第四节 村务、财务公开

第十七条 村民委员会除涉及党和国家秘密等依照规定不宜公开或不能公开的事项之外，应当实行村务公开、财务公开，自觉主动接受村民监督。

（一）村务公开包括村政务和村事务公开。主要内容有：

实行乡村振兴战略，各级党委政府强农惠农政策和落实情况。村经济社会发展工作规划、年度工作计划及措施。村民自治章程及其实施细则、村规民约的制定、修改和实施情况。

（二）财务公开内容主要包括：

1. 各项财务计划情况；

2. 集体经营各项收入情况；

3. 集体经营各项支出情况；

4. 现金及银行存款、固定资产等各项资产情况；

5. 各项债权债务情况；

6. 净资产情况；

7. 收益分配情况；

8. 各类资源情况；

9. 其他需要公开的具体事项。

## 第三章 村民、村干部的基本权利和义务

### 第一节 村民的基本权利和义务

第十八条 村民具有以下权利：

（一）对本村重大事项，通过村民会议进行讨论并表决的权利；

（二）对村干部和村务工作进行监督的权利，对村民委员会和村干部工作提出意见、

建议的权利；

（三）参加文化体育、慈善公益活动等文明创建等活动的权利；

（四）享受本村规定的各项福利待遇的权利；

（五）国家法律法规和政策赋予的其他权利。

（六）年满 18 周岁以上，户籍在本村的村民，有选举权和被选举权（剥夺政治权利的人除外）；有参加村民会议，讨论决定村重大事务的权利。

第十九条　村民履行以下基本义务：

（一）自觉遵守村民自治章程和实施细则、村规民约、村民的行为规范，自觉执行村党组织、村民会议和村民代表会议、村民委员会的有关决定、决议和规定；

（二）自觉遵守土地管理及农民建房的有关规定，合理利用集体资源。自觉维护本村环境卫生、美化村容村貌，对房前屋后卫生环境进行维护。爱护本村集体财产，不侵占、破坏集体土地、房屋、河道等资产；

（三）自觉维护本村荣誉，促进文化建设，积极倡导移风易俗，支持村民委员会开展各项工作，配合村民小组长及村民代表的各项工作；

（四）合理表达诉求，对村民委员会、村干部或其他村民有意见或矛盾纠纷，应当通过与村民委员会、村党组织沟通、协商，理智处理，尊重大多数村民的意见，珍惜并保持本村民风淳朴、和谐安定的局面；

（五）不得改变房屋的使用用途，不得利用房屋进行“三合一”或“多合一”经营使用（住宿与生产、仓储、经营等违章混合使用）。进行房屋出租的，需到村委会进行审核，备案登记，逐级审批后方可出租。房屋租赁合同发生变更、解除或终止的，出租人应自变更、解除或终止起 5 日内，到村委会办理登记变更和注销手续。房屋出租应遵守“谁出租、谁管理、谁负责”的原则，出租人应自觉按照有关规定，办理出租房屋和承租人的信息登记变更，定期对房屋使用情况和出租房屋进行安全检查监督，不得向无营业执照者或经营资质者、身份不明者出租房屋，自觉遵守有关法律、法规、政策及属地政府、本村的有关规定，服从有关部门及本村的管理；

（六）宪法和法律规定公民应该履行的其他义务。

**第二节　村民的行为规范**

第二十条　所有村民、流动人口及驻村的工作人员要遵守村民行为规范，维护社会公德，增强法制意识，参加文明健康活动，争做文明市民。

第二十一条　自觉维护社会安定，遵守公共秩序，不参加非法组织，不违背道德规范和行为准则，敢于同一切违法犯罪行为做斗争。

第二十二条　自觉遵守村规民约，关心集体，爱护公物，不损害集体利益和他人利益，执行计划生育政策，实行优生优育、晚婚晚育，积极做好住宅周边环境卫生和庭院绿化，不搞违章建筑和私搭乱建。

第二十三条　建立正常的人际关系，养成良好的道德风尚，处理好邻里关系，做到互尊、互谅、互助，和睦相处。家庭成员之间要尊老爱幼，互敬、互爱。

**第三节　村干部的基本权利和义务**

第二十四条　村干部的基本权利。

（一）享有村民基本权利；

（二）按职位分工，对分管的村内事务享有领导权、管理权和决策权；

（三）村主要领导对分管的部门干部有用人建议权。

第二十五条　村干部的基本义务。

（一）带头执行《村民自治章程》及其实施细则、村规民约、村民行为规范，村党组织、村民委员会、村民会议或村民代表会的决定、决议和规定。

（二）认真学习党的路线、方针、政策及国家的法律、法规，努力提高自身政策理论水平及科学决策水平；

（三）村干部应把主要精力放在村务管理上，不得私自、无偿使用集体物资和劳动力；

（四）履行村民基本义务，坚持原则，发扬民主，尽职尽责，廉洁奉公，全心全意为村民服务，努力完成各项工作，不玩忽职守，不以权谋私；

（五）虚心听取群众意见，自觉接受群众监督以及镇有关部门的管理。

第二十五条　村干部的监督管理依据《大兴区村干部管理监督办法（试行）》执行。

**第四章　财务管理**

第二十六条　执行村账托管制度，实行独立核算，建立健全财务管理制度。由村集体经济组织负责人统一负责全村的财务管理。

第二十七条　根据会计法规，结合本村实际，设置账簿，健全科目，内容真实，手续完备齐全，随时接受村务监督委员会及有关部门审计和村民监督。

第二十八条　村级经济事项及财务状况按照经管部门的要求每季度向村民进行公开。

第二十九条　村级财务专管员需要调整时，必须按照财务管理的有关规定和要求，做好相关材料移交手续。

第三十条　本章程规定的确需村级收取的费用，由村集体经济组织收取，统一纳入村级财务管理。

**第五章　村级印章和档案管理**

第三十一条　村级印章委托镇政府统一管理，印章的使用实行审批、登记、备案制度。

第三十二条　建立村级档案，设立综合档案室，集中统一保管本村各种门类和载体的档案。配备专兼职档案人员，按照档案工作有关规定，做好村级各类档案的收集、归档、整理、保管以及提供利用工作。配备档案专用设备，档案室符合相关管理规定的要求。

**第六章　宅基地管理**

第三十三条　集体所有的宅基地，依照本村宅基地建设发展规划要求，合理调配安排村民翻建、改造房屋。

第三十四条　村民委员会必须依据《中华人民共和国土地管理法》《北京市人民政府关于加强农村村民建房用地管理若干规定》办理村民建房申请，做到依法公正、公开、公平，严格把关，确保送审材料的真实性。送审前，应召开村民代表会议讨论，将村民申报建房情况向村民公示，公示时间不少于 7 天，接受村民监督。村民建房申请，经上级主管部门审批后方可建造。

村民新建、翻建、改造房屋，必须按最美乡村的规划要求，限高为 3 米，按照规划进行建设。各村要根据本村实际，制定翻建房屋的审核程序及管理细则。

**第七章　协商民主**

第三十五条　协商民主是落实十九大精神，实现党的领导的重要方式，是国家战略，是基层群众自治的生动实践，是社会主义协商民主建设的重要组成部分。通过村级组织与村民平等对话，用协商民主来决策村内重大事项。

第三十六条　村里建立民主协商议事厅，健全完善“议事厅”规则，规范各类协商形式的组织流程。村党组织、村民委员会、村务监督委员会、驻村单位、村社会组织、农村集体经济组织、农民合作组织、物业服务企业和非本村户籍人员代表以及其他利益相关方可以作为协商主体。

第三十七条　协商内容主要包括：农村经济社会发展中涉及村民切身利益的发展建设规划、基础设施建设、集体经济发展和集体资产处置等公共事务、公益事业；当地居民反映强烈、迫切要求解决的实际困难和问题、矛盾纠纷等；党和政府的方针政策、重点工作部署在农村的落实；法律法规规定和政策明确要求协商的事项；村党组织、村民委员会和各类协商主体提出协商要求的事项。

## 第八章 就业及相关福利

### 第一节 劳动就业

第三十八条 村民要适应新型劳动用工制度，提倡自主择业，求职者可到社保部门进行登记，接受镇社保部门和村民委员会推荐应聘上岗。

依据京人社就发〔2011〕79 号，失业登记：在法定劳动年龄内，有劳动能力，处于无业状态且有就业意愿的人员，持身份证正反面复印件及相关证明到社保所办理失业登记，初次办理没有就业失业登记证的人员还需提供 2 寸照片。就业登记：在法定劳动年龄内，通过单位招用、自主创业、自谋职业或灵活就业等形式在本市实现就业的人员，持身份证正反面复印件到社保所办理就业登记手续。

依据京兴人社就发〔2018〕89 号、京兴人社能发〔2016〕177 号，职业资格奖励：2016 年 8 月 1 日起在北京市参加职业技能培训或参加市级以上职业技能大赛，按规定获得初级工及以上职业资格证书的本区户籍劳动力。其中领取初级工奖励的应为北京市范围内企业在职职工，以企业缴纳社会保险为准。本人持身份证、户口本、职业技能证书、农业银行卡到户籍地社保所申请。奖励标准：个人奖励为初级工每人 400 元；中级工每人 800 元；高级工每人 1500 元；技师每人 2500 元；高级技师每人 3500 元。失业人员免费享受技能培训：在法定劳动年龄内且失业并办理失业登记的人员（以系统核查的社保为准），每年可享受一次免费技能培训，一个工种一生可享受一次免费技能培训。

### 第二节 医疗保障及养老补助

第三十九条 村民在社会医疗保障外，符合参保条件的参加新型农村合作医疗。将本市无城镇职工等其他基本医疗保障的所有城镇户籍及农村户籍居民及无城镇职工等其他基本医疗保障且符合一定条件的外埠户籍（包括外省市及港澳台户籍）及外国籍人员纳入城乡居民基本医疗保险覆盖范围。

依据京人社居发〔2014〕177 号，本市户籍人员年满 16 周岁（不含在校学生），非国家机关和事业单位工作人员及不属于职工基本养老保险制度覆盖范围的城乡居民，可以参加城乡居民基本养老保险；参加城乡居民基本养老保险的人员实行定额缴费，缴费标准的调整，由市人力社保局会同市财政局提出方案报请市政府同意后予以公布；参保人在职工基本养老保险和城乡居民基本养老保险均有缴费的人员，可以办理两种制度的衔接手续;（农保转社保、社保转农保）参保人死亡，个人账户资金余额及丧葬补助费可以依法继承。

第四十条　关爱老年人的身体健康、身心愉悦，每年组织60岁以上村民免费健康体检，66周岁以上的村民每年给予生日蛋糕一个，女55周岁以上男60周岁以上的村民及学龄前儿童免费在村内老年驿站接受服务和用餐。

第三节　特殊慰问和补助

第四十一条　本村户籍村民亡故时，发放丧葬补助费。老年人去世，村委会给予花圈一个，对因自然灾害或突发事故造成家庭成员伤残、死亡或财产损失的，视灾情轻重进行上门慰问，但因非法经营及违法建筑造成的除外。

第四节　服兵役

第四十二条　依法服兵役是每个公民的义务，本村符合条件规定的青年，必须参加每年的兵役登记、参加统一体检。

第四十五条　本村青年在服兵役期间立功的，村民委员会给予以下奖励：荣立一等功奖励1000元人民币；荣立二等功奖励800元人民币；荣立三等功奖励600元人民币；获嘉奖的奖励400元人民币。

第四十三条　本村青年服役期间，村民委员会对其家庭按政策规定给予相应待遇，服役期满复员回村的，村民委员会优先帮助推荐工作。

**第九章　道德文化教育、民风民俗**

第四十四条　村民应做到家庭和睦、父慈子孝、夫妻互敬、良婆贤媳、姑嫂妯娌和气、兄宽弟忍。对于虐待家庭成员者，村民委员会给予严肃处理，轻者批评教育，性质恶劣者移交有关部门按法律规定处理。

第四十五条　村民积极参加健康文体娱乐活动，不参与任何形式的迷信、邪教活动，严禁黄、赌、毒。一经发现，村民委员会对当事人进行教育，情节严重的，移交有关部门按法律规定处理。

第四十六条　村民要大力弘扬见义勇为精神，及时制止各种违法乱纪、扰乱社会治安、影响公众安全行为的发生。对先进事迹突出的个人，在享受相关政策、部门表彰、奖励的同时，村民委员会另行给予表彰，并适当给予1000元以下的现金或物质奖励。

第四十七条　村民因患重病、家庭突发意外事故等，造成生活贫困的，村民委员会应给予适当临时救助。救助标准由村民委员会制定后，经村民代表会决议通过后施行，并作为低保对象优先上报。

第四十八条 村民应积极参加村民委员会组织的各项文体活动，对取得突出成绩的个人、家庭，村民委员会应通过一定形式进行宣传、表彰。

第四十九条 提倡村内建立红白理事会。厚养薄葬，移风易俗，遵守国家火化政策。婚丧嫁娶，提倡文明节俭，新事新办。

**第十章 村务监督委员会**

第五十条 村务监督委员会由 5 人组成，设主任 1 名，副主任根据情况可设定 1 人。由非村民委员会成员的村党组织纪检委员或党员担任主任，但村党组织书记不得兼任主任。村务监督委员会成员由村民会议或村民代表会议在村民中推选产生，任期与村民委员会的任期相同。村务监督委员会成员要有较好的思想政治素质，遵纪守法、公道正派、坚持原则、敢于担当、群众公认，具有一定政策水平和依法办事能力，热心为村民服务，其中应有具备财会、管理知识的人员。

第五十一条 村务监督委员会的职责是：对村务、财务管理等情况进行监督，受理和收集村民有关意见建议。

第五十二条 村务监督委员会要紧密结合村情实际，重点加强以下方面的监督：村务决策和公开情况；主要是村务决策是否按照规定程序进行，村务公开是否全面、真实、及时、规范等。

**第十一章 违章责任**

第五十三条 对违反本章程的行为进行处理，在村党组织的领导下和村务监督委员会的监督下，由村民委员会组织实施。处理应公平公正、合乎情理，处理决定以书面形式做出并通知村民。处理决定、依据等有关资料要进行存档。涉及的执法事项可以授权委托镇政府职能部门代为执行。

第五十四条 村民未按本章程规定或村民代表会决定交纳有关费用的，村民委员会有权从村级发放的福利款中进行扣除，直至扣足应交纳的有关费用为止，并对该村民户停办一切需要村民委员会办理的有关手续。

第五十五条 对违规出租房屋和出租土地的村民，轻者给予批评教育；情节严重的，村民委员会有权要求其将承租人进行清退；逾期未按村民委员会要求进行清退的，村民委员会有权采取限制承租人进村、停水、停电等措施，并清退之前有权停发该村民户的一切村级福利待遇，并对该村民户停办一切需要村民委员会办理的有关手续。

违反法律法规的，由相关单位依法处理。

第五十六条　村干部、村内党员、工作人员及村级务工人员要带头遵守本章程；违反本章程的，将从工资、补贴款中扣除按规定应收取的费用，并酌情给予免除职务或取消工作岗位的处罚。

**第十二章　附则**

第五十七条　本章程与国家法律、法规、政策相抵触的，按照国家法律、法规和政策执行，与地方政府有关意见、政策不一致的，按上级政府意见、政策执行。

第五十八条　有关村村民会议、村民代表会议开展民主决策的基本规则，以及涉及其他村务工作、环境治理、流动人员服务与管理、安全生产、出租房屋等村庄管理，本章程未及事项，制定相应的实施细则后，由村民会议或村民代表会讨论通过后执行。

第五十九条　本章程由本村村民委员会负责解释。

第六十条　本章程于 2019 年 7 月 10 日经村民会议讨论通过，自通过之日起施行。

## 《采育镇古街巷示意图》（1956 年以前）制图说明

为抢救挖掘留存千年的古镇历史文化记忆，大兴区史志办公室、采育镇党委、采育镇政府、国人书院汇集众乡贤，殚精竭虑，搜罗考证，精雕细琢，历时 3 个多月，于 2020 年 10 月 20 日凌晨定稿，绘制了《采育镇古街巷示意图》（1956 年以前）。

《采育镇古街巷示意图》根据肖洪斌、赵礼明、李永安、陈德龙、秦泽民等生于斯、长于斯的古镇乡贤口述，结合 1976 年唐山大地震前国家测绘局航拍图的街道走势而绘制，较为系统、完整地复原了 1956 年之前采育古镇街巷布局、市井风情、铺面列序、经济生态、民间信仰、文化氛围、社会形态等古镇风貌。

为尽可能地呈现细节，示意图对图中各元素的比例做了适当调整，如采育大街拉宽以标示两旁店铺文字。此外，因示意图设定的年限较宽泛，有些店家与房东并非一家，落笔时暂选争议较小的一方。

一张示意图前后历时 3 个月，体现了大兴区史志办公室及采育镇党委、政府对地方历史文化传承的重视，凝聚了采育人挥之不去的桑梓故土情怀和乡愁记忆，必将厚植古镇文化基因，代代传承。

# 主要参考文献

〔清〕朱彝尊撰:《日下旧闻》，清康熙二十六年（1688）刻本。

〔清〕孙承泽撰:《春明梦余录》，清乾隆内府刊本《四库全书》本。

〔清〕厉鹗撰:《辽史拾遗》，清乾隆《四库全书》本

〔清〕英廉等奉敕编:《钦定日下旧闻考》，清乾隆五十三年（1788）武英殿刻本。

〔清〕周家楣、缪荃孙等纂:《光绪顺天府志》，北京古籍出版社，1987 年。

〔清〕富察敦崇著:《燕京岁时记》，北京出版社，1961 年。

北京市大兴县志编纂委员会编:《大兴县志》，北京出版社，2002 年。

北京百科全书编委会编:《北京百科全书·大兴卷》，北京奥林匹克出版社，2001 年。

政协文史资料办公室编:《北京文史资料精选·大兴卷》，中国文史出版社，2006 年。

温卫东、谢荫明、陈煦著:《大兴改革开放三十年》，中央文献出版社，2008 年。

中共北京市委党史研究室编:《中国共产党北京市大兴区历史大事记》（2001—2013），中央文献出版社，2015 年。

# 编纂始末

《中国名镇志丛书·采育镇志》编纂工作始于2017年7月。根据中国地方志指导小组办公室《关于启动〈中国名镇志丛书〉编纂工作的通知》精神，为传承抢救、开发利用乡镇文化，探索中国特色新型城镇化建设思路，采育镇在北京市地方志办公室、大兴区史志办公室的推荐下，向中国地方志指导小组办公室申报启动中国名镇志文化工程《中国名镇志丛书·采育镇志》的编纂工作。

2017年7月27日,《中国名镇志丛书·采育镇志》编纂启动会在采育镇召开，北京市地方志办公室副主任张恒彬，区县指导处副处长王鹏，大兴区史志办主任张振东、副调研员刘会臣，采育镇党委、镇政府领导，国人书院理事长吴海龙，国人书院院长曾金胜及相关编纂人员参加会议。会上，采育镇党委、镇政府正式启动《中国名镇志丛书·采育镇志》编修工作。为系统记述这座千年古镇的古今变迁历程，提炼采育城镇化建设的经验和特色，以期以志鉴今，为服务乡村振兴战略提供历史智慧和现实借鉴，镇党委、镇政府主要领导牵头，成立了由相关责任人、地方乡贤和国人书院编辑组共同组成的编纂团队。

编修工作按照《中国名镇志文化工程实施方案》要求，重点突出采育镇的“名”和“特”。编纂人员查阅了卷帙浩繁的文献资料，去粗取精，去伪存真，多方座谈寻访，从中获取了珍贵的文字和图片资料。2018年年初，完成《中国名镇志丛书·采育镇志》初稿，报送主管部门审查。根据主管部门提出的修改意见，编纂人员又收集整理了相关文字、图片资料，进行了全方位的资料补充和文字修改，并于2018年9月完成《中国名镇志丛书·采育镇志》第二稿，报大兴区史志办公室审查。2018年10月下旬，根据大兴区史志办公室提出的审查意见，国人书院编纂人员再次对《中国名镇志丛书·采育镇志》稿进行了大规模的修改。在坚持志体的前提下，根据专家和领导意见，在体裁运用、篇目设置上，选择适当创新与调整。同时多次深入到采育镇进行资料收集，拾遗补阙。按照详今略古的原则，着重反映时代特点和地方特色，重点突出采育镇志京南古镇、葡萄之乡、新能源汽车基地、省级开发区的“名”与“特”。经过连续多月夜以继日的编撰工作，于2019年4月报审定稿。2020年2—6月，在新型冠状病毒肺炎疫情特殊时期，为进一步让《中国名镇志丛书·采育镇志》立起来、活起来，在北京市地方志办公室区志指导处处长王鹏、大兴区史志办主任张振东的悉心指导和采育镇的大力支持下，执行主编、国人书院院长曾金胜带领柳泽生、李成斌、刘文江、王文花等总纂修改组成员再次对全书进行统稿，深入研究中国地方志指导小组办公室和方志出版社质检意见，对概述、中国葡萄之乡、经济开发区、名人与名镇等重点章节逐一推敲，深入挖掘提炼千年古镇采育的“名”、“特”与精魂，精细修改打磨志稿，并最终再次报送终审稿。

沧桑于千年历史中的无数经典智慧，暗淡于故纸堆里的岁月更迭，生机勃勃的产业发展，融天地人和于一身的区位发展特色，都在一次次引经据典、走访座谈中，凝聚成对采育的浓浓乡情。本志的编修得到了中国地方志指导小组办公室、北京市地方志办公室、大兴区史志办领导和专家的关怀和指导，中国名镇志丛书学术委员会委员王铁鹏、王晖，通州区地方志办公室郭宝祥等专家，中国地方志指导小组办公室领导及方志出版社编辑在百忙中审读志稿，给予悉心指导。镇志编纂得到了采育镇干部群众和老同志的支持与配合，特别是80岁高龄的范云龙老师，在提供资料等方面做了大量工作，使得本志书在较短的时间内顺利完成。这是采育修志问道、资政育人、提升文化核心竞争力的一份真诚努力，也是一次凝聚集体智慧、共谋乡村振兴的有益探索，更是不忘初心使命、抢救留存乡愁记忆的实践担当。

在《中国名镇志丛书·采育镇志》即将出版之际，谨向支持和指导修志工作的各位领导，为修志提供素材的人员表示诚挚的谢意！

编写名镇志不同于其他志书，起点高、难度大。我们在认真学习领会《中国名镇志文化工程实施方案》《中国名镇志丛书基本篇目》《中国名镇志丛书凡例》的基础上，按照名镇志的编纂要求，精心设计篇目、认真编纂志稿。《中国名镇志丛书·采育镇志》初稿完成后，多次聘请有关专家、知情人等对志稿进行评审和研讨。在此基础上，力求完善，十易其稿。但也深知，名镇志不同于其他志书，要有所发展、有所创新，更要体现出“名”与“特”。因历史久远，资料浩繁，编辑水平有限，认识偏颇之处，记述舛误疏漏在所难免，敬请各界人士和广大读者批评指正。

编　者

2020年10月